MOI, SURDOUÉ(E) ?

Hervé Magnin

**De l'enfant précoce
à l'adulte épanoui**

Du même auteur aux Éditions Jouvence

La positive solitude, 2010
Petit cahier d'exercices pour oser réaliser ses rêves, 2016
C'est décidé, je m'aime !, 2009
Surmonter ses peurs, 2008
Susceptible et bien dans ma peau, 2008

Extrait du catalogue Jouvence

Les 7 étapes du lâcher-prise, Colette Portelance, 2010
Accédez à vos ressources,
  Francesca Giulia Mereu & Madeleine Rossi, 2013

Catalogue gratuit sur simple demande
ÉDITIONS JOUVENCE
Suisse : CP 227 –1225 Chêne-Bourg (Genève)
France : BP 90107 – 74161 Saint-Julien-en-Genevois Cedex
Mail : info@editions-jouvence.com
Site internet : **www.editions-jouvence.com**

© Éditions Jouvence, 2010
ISBN 978-2-88353-860-3

Dessin de couverture : Jean Augagneur
Dessin p. 49 : © Desca
Autres dessins : auteur et Éditions Jouvence
Maquette de couverture : Éditions Jouvence
Suivi éditorial et réalisation : Fabienne Vaslet

Tous droits de reproduction, traduction et adaptation
réservés pour tous pays.

À Jeanne, à Annie, à Hervé
et à tous ceux qui ont contribué
à me révéler à moi-même.

« Mensa disciplinae »

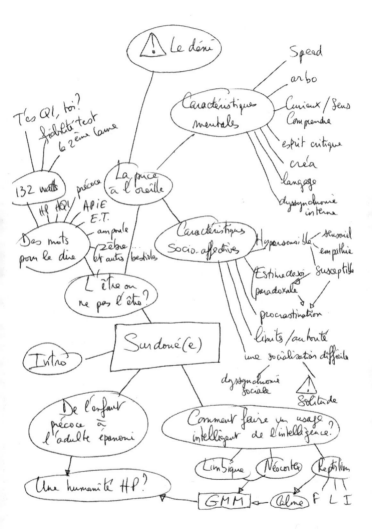

Table des matières

Introduction 7

1. Qu'est-ce qu'être surdoué ? 11
   Des mots pour le dire 13
   132 Watts et plus si affinité 22
      T'es QI, toi ? 23
      Quelle est la fiabilité de ces tests ? 24
      La deuxième lame coupe le poil
      avant qu'il ne se rétracte 26
   La puce à l'oreille ? 28
   Les caractéristiques de la surdouance 30
      Les caractéristiques mentales 30
      Les caractéristiques socio-affectives 45
   Le déni de la surdouance 74

**2. Comment faire un usage intelligent
de l'intelligence ?** 78
   Le cerveau automatique 79
   Le cerveau intelligent 81
   Le stress et l'arbitrage reptilien 82

3. De l'enfant précoce à l'adulte épanoui 87
   Une humanité à haut potentiel 88

Pour aller plus loin 91
   Associations 91
   Films 91
   Livres 91

Introduction

Surdoué(e), moi ?! Cette question a de quoi surprendre ou choquer. Y répondre est peut-être, paradoxalement, moins difficile que de se la poser. Objectivement, la réponse peut prendre quelques heures. Alors que se la poser véritablement prend souvent quelques années, quelques décennies et il n'est pas rare qu'une vie n'y suffise pas. Ce sont souvent des années de doute, de confusion, de malentendus et d'anxiété.

Surdoué(e), moi ?! Pour expliquer le choc, la surprise mais aussi le long évitement de cette question, il faut d'abord considérer les représentations populaires de l'intelligence, de la précocité, de la « surdouance »... Le choix des mots est important. Le mot « surdoué » déplaît autant aux surdoués qu'aux personnes qui ne sont pas surdouées. Peut-être faudra-t-il trouver d'autres termes. Mais...

En titrant « Moi, surdoué(e) ?! », je laisse libre cours à ma tentation provocatrice de défendre la cause d'une minorité, comme l'a fait par exemple Lenny Bruce[1] en gueulant sur scène :

---

[1]. Lenny Bruce est un comédien états-unien. Humoriste, scénariste, réalisateur, il est surtout connu comme l'« inventeur » du stand-up. Pierre Desproges et Guy Bedos le citent comme source d'inspiration.

« Nègre, nègre, nègre… je dirai ce mot jusqu'à ce que plus aucun enfant ne pleure en l'entendant dans une cour d'école. »

Surdoué, surdoué, surdoué, moi ?! Nègre, non ; la nature m'a fait blanc de peau. Homosexuel, non ; je n'ai pas ce coming-out à oser. Surdoué, oui ; je me reconnais cette anormalité si l'on considère que la norme met en marge les 2 % de la population concernés par la surdouance. Pour vivre heureux, devons-nous vivre cachés ?

De l'enfant précoce à l'adulte épanoui, un parcours du combattant ? La métaphore est plutôt militaire ; il est donc peu probable qu'elle plaise aux surdoués. Cependant, l'itinéraire est rarement paisible et toujours semé d'embûches, de pièges spécifiques dans lesquels tombent plus facilement ceux qui ignorent la topographie du terrain. Une personne surdouée est une terre inconnue et mystérieuse, un univers à explorer. Cette expédition complexe et passionnante, il est résolument préférable de l'entreprendre avec une carte et une boussole sans douter que le Nord est bien là où il est censé être. Bien que chaque individu surdoué soit différent, il y a pour tous un faisceau de caractéristiques communes qu'il est précieux de connaître et dans lequel il est parfois réconfortant de se reconnaître. Ignorer ces spécificités de fonctionnement condamne la plupart à une errance angoissante, dans laquelle la singularité est plus vécue comme un handicap que comme une richesse. Pourtant…

« Nous dormons tous négligemment sur une mine d'or
Ne cherchons pas ailleurs, fouillons à l'intérieur !

*Rien en surface, il faut creuser… Chasse au trésor
Aventuriers de soi, apprivoisons nos peurs[2] !* »

Je vous invite à considérer ce livre un peu comme un dictionnaire bilingue. Que vous soyez curieux de vous-même, curieux de ceux qui vous ressemblent ou bien curieux de ceux qui vous sont si différents, ce guide est là pour apporter des repères identitaires. Cette clarification est nécessaire pour avancer sereinement dans la vie et pour en tirer le meilleur parti sans craindre qu'elle dérive vers une quelconque forme de communautarisme. Avec une base identitaire fragile, nos dissemblances nous éloignent les uns des autres. Avec des fondations plus solides, nous pouvons commencer à espérer que nos différences nous enrichissent vraiment. Cette méfiance engendrée par la différence est une tendance qui concerne toute l'Humanité mais elle est vraisemblablement plus présente, voire plus oppressante lorsque s'érige le mur d'incompréhension qui oppose trop souvent les surdoués à leur entourage (surdoué ou non).

On serait en droit d'attendre de ce livre des solutions aux difficultés, au mal-être que connaissent beaucoup de surdoués. Il y en a. Mais j'exprime ici ma frustration de faire tenir dans un cadre restreint le contenu de mes pensées et de mes désirs. J'accepte et respecte cependant ce cadre en apprenant à tirer parti d'une collection, et d'un éditeur, qui m'invite depuis quelques années à faire preuve de concision. Je lui suis reconnaissant de me pousser à cultiver cette intelligence-là.

---

2. Extrait de la chanson « Rêves de gosses », Hervé Magnin, 2009.

Je serai donc court pour présenter la partie « solutions » aux problèmes que rencontrent les surdoués. Vous trouverez dans ce livre quelques pistes pour mieux vivre sa surdouance, pour en tirer le meilleur et en éviter les nombreux écueils. La principale est identitaire. Voilà pourquoi *Moi, surdoué(e) ?!* est principalement destiné à favoriser la connaissance et la reconnaissance de la surdouance. L'ignorance de sa propre *surdouance* me semble la plus douloureuse des failles dans une vie de surdoué.

Il y a tant de clichés, d'images réductrices qui faussent nos regards sur les personnes qu'on nomme avec envie, mépris ou inquiétude… les surdoués. Voici de quoi connaître et comprendre. C'est ma contribution, ma manière à moi de tirer parti de mon intelligence. J'ai hâte de connaître la vôtre.

1. Qu'est-ce qu'être surdoué ?

Être surdoué ou ne pas l'être, est-ce là la question ? C'en est une qui mérite un substantiel effort de définition. Elle est existentielle, ontologique, identitaire. Nous allons en mesurer l'importance dans ce chapitre.

Être surdoué, c'est « *être d'un niveau mental très supérieur à la moyenne* », dit Le Petit Robert. Précisons qu'il tient à cœur des auteurs des dictionnaires académiques d'être en phase avec une culture et une époque. Cette définition contemporaine est donc assez représentative de ce que pensent la plupart des gens d'une personne surdouée. Sur l'axe mental et dans une perspective de comparaison, les surdoués sont donc définis par une supériorité. Ainsi, 98 % de la population est implicitement définie comme ayant un niveau mental très inférieur à la minorité dont il est question dans ce livre. Cela peut agacer, n'est-ce pas ? D'autant que dans l'acception populaire, aptitude mentale et intelligence se confondent. Et surtout si on retient l'hypothèse que 7 milliards d'humains ou presque ont chacun une estime de soi fragile et que la susceptibilité qui en découle rend toute comparaison valorisante ou dévalorisante. Pourtant, la potentielle jalousie sur le registre mental ne suffit pas à expliquer pourquoi les surdoués sont souvent mal perçus et marginalisés. En revanche, cela peut expliquer en partie pourquoi ceux qui se savent surdoués ne tiennent pas à le faire savoir.

Pour ceux qui n'ont pas encore eu la curiosité de s'intéresser vraiment aux personnes surdouées, il est hélas banal de croire qu'elles ne se distinguent que par une grosse tête. Un simple test mesurant le fameux Quotient Intellectuel devrait donc suffire à les repérer. Certes, la mesure du QI est précieuse pour avancer dans l'identification d'une éventuelle surdouance. Cependant, les spécialistes du sujet s'accordent de plus en plus à dire que ce test psychométrique est nécessaire et insuffisant pour « diagnostiquer » une surdouance.

Le terme *diagnostic* laisse penser qu'il y a un problème à résoudre, une panne, un dysfonctionnement, une maladie. Certes, les psychologues sollicités sur le sujet reçoivent rarement des personnes qui vont bien et qui voudraient simplement savoir. Le motif de consultation est presque toujours la souffrance, un mal-être de moins en moins supportable. Beaucoup de surdoués sont effectivement en souffrance. En quelle proportion ? Comment le savoir ? D'une part, les psys ne reçoivent que ceux qui ne vont pas bien. D'autre part, ne vont consulter que ceux qui ont les moyens psychologiques et financiers d'entreprendre cette démarche très particulière, voire audacieuse.

Des mots pour le dire

Le terme *surdouance* est un des quelques néologismes qui manifestent une impuissance à trouver dans le vocabulaire existant un terme qui intègre la complexité des personnes dites surdouées. Depuis plusieurs décennies, de nombreux spécialistes se battent contre le terme de *surdoué* qui semble isoler davantage, en creusant le fossé de la discrimination. Ce terme, très vulgarisé maintenant, est apparu vers 1970. Par opposition, *surdoué* sous-entend que lorsqu'on ne l'est pas on est alors *sous-doué* ou *normalement doué*. « sur- » est un préfixe qui peut signifier soit *très* soit *trop*. C'est peut-être le *plus que* qui dérange dans ce qu'il peut suggérer de vantardise. Cet excès égotique est paradoxalement très rare chez les surdoués, qui se caractérisent plutôt par une sévère mésestime de soi.

Quant au « -doué » de *surdoué*, il introduit la notion de don. Le mystère plane sur sa provenance. Qui a donné ? À qui faudra-t-il rendre (des comptes ou un contre-don) ? Les surdoués ont-ils une dette, une « surdette » ? La surdité de leur entourage, peut-être…

Bien que dans l'introduction et le titre de ce livre, j'aie opté pour un terme connu de tous et que j'invite à assumer par provocation, on comprend la nécessité de sortir aussi vite que possible des clichés. On peut, pour cela, repartir à zéro, en changeant de nom pour décoller les étiquettes trompeuses et trop lourdes à porter. Voici donc quelques essais créatifs qui nous aideront par tâtonnement à nous rapprocher de la réalité des… bip…

Historiquement, on s'est d'abord exclusivement intéressé aux enfants. Il était tentant de les dire intellectuellement précoces puisque en avance sur les autres dans leur développement cognitif[3]. La notion de précocité laisse cependant entendre que cette avance peut se perdre et qu'on cesse ainsi d'être précoce. Or, la *douance*, la *surdouance*, le *surdouement*, le *surdon* comme on dit aussi parfois, est une composante très importante de la personnalité. Cette particularité identitaire, qu'elle se manifeste clairement, qu'elle s'épanouisse ou qu'elle soit refoulée, il n'en reste pas moins qu'elle perdure tout au long de la vie du surdoué. Le sigle EIP (Enfant Intellectuellement Précoce) est très utilisé dans les associations et structures spécialisées. Mais que devient un enfant précoce ? Un adulte qui fut un enfant précoce ? Répétons-le, la singularité des surdoués ne disparaît pas avec l'âge.

D'autres auteurs optent pour le simple vocable *doué*. C'est la traduction la plus proche de son équivalent anglo-saxon *gifted*. *Gift*, c'est aussi un cadeau. Donné par qui et pourquoi, voilà une question existentielle et angoissante pour beaucoup trop de surdoués qui considèrent le cadeau comme empoisonné. Ce que je trouve dérangeant dans le terme *doué*, c'est qu'il laisse entendre que 98 % des gens ne sont pas doués. Il y a de quoi s'étonner de cette préférence terminologique. Mais la tâche n'est pas simple pour nommer les… comment dire ?

La notion de Haut Potentiel (HP) est plutôt en vogue. Certes, le potentiel des surdoués semble énorme.

---

[3]. Cognitif qualifie ce qui a trait à la pensée.

On peut comprendre l'agacement et l'impuissance que peut procurer le fait d'aimer quelqu'un qui exploite si peu ou si maladroitement un tel joyau en devenir. Alors avec tout autant de maladresse, l'entourage fait souvent pression pour ne pas gâcher ces talents qui affleurent sans éclore. Voilà une cause supplémentaire de stress et de culpabilité dont les HP se passeraient bien. Ce choix de terme me dérange tout particulièrement car il sous-entend à tort, que les personnes qui ne sont pas surdouées ne disposent pas d'un haut potentiel. Mon expérience personnelle et professionnelle m'a permis d'acquérir la certitude du contraire. Ce commentaire m'a été suggéré par mon ange gardien THPEC (très haut pote en ciel).

Aux EIP et aux HP, on peut ajouter les HQI (Haut Quotient Intellectuel) et les THQI (Très Haut Quotient Intellectuel). À cette collection de sigles qui masquent mal le malaise qu'on éprouve à définir et à nommer les personnes que je tente de vous présenter, on peut ajouter E.T. tant la sensation d'étrangeté et d'isolement nous coupe d'un monde et nous laisse penser qu'on appartient à un autre. « Téléphone maison… » semblent dire désespérément les PESM, ces Personnes Encombrées de *Surefficience* Mentale. On pourrait sourire à la lecture de cette appellation dont on peut supposer un soupçon d'autodérision. Mais l'encombrement est souvent un euphémisme quand on considère l'effective invasion du flux mental qu'il est si difficile de canaliser et tellement source d'angoisse.

Plus positif et souriant, avec les APIE on se rapproche des spécificités des Atypiques Personnes dans l'Intelligence et l'Émotion. Jean-François Laurent a écrit *Be APIE*[4] en collaboration avec quatre jeunes de 5 à 23 ans. Ce sigle a le mérite d'introduire l'atypie non plus dans l'exclusive dimension du QI mais aussi dans la sphère socio-affective. Il était temps !

Dans le même esprit, Jeanne Siaud-Facchin dit qu'« être un surdoué c'est vivre avec une personnalité construite sur des formes atypiques de fonctionnement intellectuel et affectif[5] ». En focalisant sur cette double atypie, elle donne une dimension plus qualitative que quantitative à la surdouance. Depuis quelques années, la plupart des experts vont dans ce sens. La longue expérience de Jeanne Siaud-Facchin dans le domaine de la surdouance l'a poussée à choisir un terme plus métaphorique, qu'elle est allée chercher dans la nature. En nommant zèbres les êtres surdoués, elle fait écho à la créativité et à la sortie de cadre tant pratiquées chez les personnes dont elle s'occupe avec passion.

Vous avez donc le choix de nommer les surdoués comme bon vous semblera. Pour ma part, je ne vais pas me priver de cette liberté. Si vous êtes zébré de l'âme, vous aurez peut-être envie d'inventer un terme qui nous ressemble, qui nous rassemble. Si vous vous reconnaissez happy, peut-être serez-vous heureux de jouer avec votre imaginaire fécond en accouchant d'un mot connu ou inconnu qui vaut baptême.

---

4. *Be APIE*, Hommes In Idées, 2009. www.hommes-in-idees.com.
5. J. Siaud-Facchin, *Trop intelligent pour être heureux ? L'adulte surdoué*, Odile Jacob, 2008.

Le zèbre est plutôt joueur, alors jouons ! Parmi les créateurs, on trouve bon nombre de drôles de zèbres. En hommage à l'un de mes préférés, je réponds à « Dessine-moi un mouton ! » par « Fais-moi un cygne ! » Je pense que le célèbre conte de Hans Christian Handersen, *Le vilain petit canard* (1842) est une pertinente métaphore de l'histoire des surdoués. Allez, je vous le raconte.

Vous connaissez ce dilemme existentiel ? Qui de la poule ou de l'œuf est apparu en premier ?... Pour répondre à cette question métaphysique, voici l'histoire de l'œuf et de l'ampoule.

« Il était une fois une couvée hétérogène. Dans un même nid se retrouvèrent quelques œufs de poule et une ampoule. Dans un premier temps, la mère couva sans se préoccuper de ce qu'elle couvait. Puis engourdie par la posture et soucieuse de la maturation de sa progéniture, elle inspecta le contenu de son nid. Quelle ne fut pas sa surprise de constater qu'avec ses œufs opaques se tenait blotti un œuf transparent ! Très différent des autres, l'œuf lui sembla affreusement laid. Mais il suscita sa curiosité. La composition de la coquille permettait de voir au travers de l'œuf. La poule se pencha sur l'ove-nid et scruta l'intrus, espérant y voir le poussin qu'il était censé contenir. On pouvait effectivement le voir distinctement. Que pouvait-on attendre d'un poussin contenu dans un œuf si laid ? Le poussin était d'une laideur accablante, maigre, maigre comme un fil de fer ou de tungstène. Ridicule ! Elle se rassura en contemplant ses autres œufs bien conformes, bien semblables, tous pareils. Mais sa consolation fut passagère car elle sentit que la maturation des normaux n'était pas normale. Friande de normalité, elle s'inquiéta de la maturation anormale de ses œufs qui l'avaient rassurée l'instant d'avant par leur normalité. Le doute puis l'angoisse s'emparèrent de la mère poule. Elle piailla, caqueta mais en vain. Entre deux stériles caquetages, la poule toussa. Elle avait pris froid. C'est vrai que le poulailler était anormalement froid. Et puis anormalement sombre aussi, à tout bien considérer. Beaucoup trop de choses anormales ce jour-là, s'indigna la poule. Elle ne chercha pas longtemps un coupable à cette malédiction. Elle se tourna vers le vilain petit bâtard, plongea sur lui son regard de mère qui, d'instinct, sent que ses enfants légitimes sont en danger et que pour les sauver, il ne faut pas hésiter à tuer.

Elle se tourne une dernière fois vers sa véritable descendance, les regarde bien droit dans les œufs. Elle est déterminée. Le sacrifice est inexorable. C'est sans état d'âme que son bec puissant se dirige vers le monstrueux alien. La tête recule pour puiser l'énergie, la vigueur de l'élan. Puis dans un assourdissant bruit d'ailes, le vieux Georges entra et dit : « C'est quoi ce bordel ?! C'est vrai quoi, pourquoi c'est tout noir ici ? »

Le vieux Georges activa plusieurs fois l'interrupteur mais sans succès. Quand son regard se fut accommodé à la pénombre, il avança courbé et à tâtons vers la douille qui pendait du plafond bas. Son approche maladroite effraya la poule qui quitta le nid, dévoilant ainsi l'étrange couvée qui fit rire le vieil homme. De peu, l'œuf transparent avait échappé au massacre.

Georges bourra sa pipe et prit sa guitare. Le spectacle amusant de la couvée sur la paille l'inspira. Il décida d'éclairer le lieu en puisant dans la plus lumineuse ressource du nid. Il saisit délicatement l'ampoule puis en un tournemain, la lumière fut. La chaleur qui se dégageait de l'ampoule réchauffa la poule qui vint réchauffer ses œufs. Ces derniers ne tardèrent pas à éclore presque normalement. Le vieil homme s'attendrit de ce spectacle. Il chanta, il joua. Puis il écrivit, amusé qu'une coquille puisse en cacher une autre.

> « C'est à travers d'étroites grilles,
> Que les femelles du poulailler,
> Contemplaient un bulbe qui brille,
> Sans jamais cesser de piailler.
> À la lueur de cette lumière
> Juste au dessous était un nid
> Que, rigoureusement la mère
> Couvait dans la monotonie
> Gare aux coquilles !
>
> Tout à coup l'ampoule qui arrose
> De sa douce chaleur l'animal
> Tombe, on ne sait pourquoi. Je suppose
> Qu'on avait dû la visser mal
> Avec distraction la volaille
> Le cul au chaud, s'accommoda
> Ignorant que dans sa marmaille
> Sommeillait le traître Judas
> Gare aux coquilles !
>
> Mais la quiétude et la tiédeur
> La poule ne put les conserver
> Elle découvrit qu'un emmerdeur
> Avait squatté dans sa couvée
> Les Auvergnats, les étrangers
> Feraient bien de rester chez eux
> Nous devons les décourager
> D'aller se mêler à nos œufs
> Gare aux coquilles !

Les doux rêveurs et les Martiens
Les immigrés et les surdoués
Les magiciens, les musiciens
Sur quelle corde allez-vous jouer ?
Il y en a plusieurs à votre arc
À votre harpe, votre piano
Assez pour que l'on vous remarque
Et qu'on méprise les marginaux
Gare aux coquilles !

Lors qu'il avait la chair de poule
L'oiseau trouva bouc-émissaire
Voulant faire la peau à l'ampoule
Et la dessouder au laser
La superstitieuse couveuse
Craignant qu'il fût déjà trop tard
Se hâta à être tueuse
Pauvre vilain petit bâtard !
Gare aux coquilles !

Mais le vieux Georges moustachu
Par chance arriva et sauva
La lumière qui avait chu
Dans le nid où il la trouva
La poule ayant changé de peur
Dans un bruit d'ailes déserta
La paille où le vilain campeur
Était persona non grata
Gare aux coquilles !

Elle est à toi cette chanson
Toi l'homme de cœur, toi le poète

Toi l'étranger qui sans façons
A tant aimé de cinq à Sète
Toi qui m'as donné du feu quand
Tous les gens bien intentionnés
Les croquantes et les croquants
M'avaient fermé la porte au nez
Gare aux coquilles !

Ce n'était rien qu'une lumière
Mais elle m'avait chauffé les œufs
Et dans mon âme elle brûle encore
Elle fait toujours briller mes yeux

Toi le vieux Georges quand tu reviendras
Quand le croque-vie te ramènera
À cheval sur un arc-en-ciel
Tu battras des ailes.

Amusé, le vieux Georges se reposa une question que des générations d'hommes s'étaient posée avant lui : qu'est-ce qui fait la poule ? C'est l'œuf, répondit-il avec assurance. Mais alors qu'est-ce qui fait l'œuf ? C'est l'ampoule !
Voilà un mystère éclairci ! Mais alors que fait l'ampoule ? Du neuf ! Elle éclaire la vie d'un jour nouveau.

En attendant vos suggestions, ajoutons donc l'ampoule au zèbre, au cygne et à l'APIE. Ainsi, le cygne zébré a parfois besoin de la lumière d'un *happyculteur* pour faire du miel avec du nectar.

Le récit du vilain petit canard remonte à mon enfance. Il se peut que ma mémoire ait quelque peu déformé le conte. Je vous invite donc à le (re)découvrir dans sa version originale et à goûter ce récit en résonance avec ce paragraphe linguistique[6]. Malgré les préférences langagières que je viens d'exprimer, je vais utiliser une large palette de termes pour désigner les héros de ce livre. L'idée est de familiariser ceux qui les ignorent à ce vaste spectre terminologique. Et puis les happy zèbres n'apprécient guère la répétition.

132 Watts et plus si affinité

Quelle importance accorder à la puissance de l'ampoule ? Que vaut le QI pour distinguer l'œuf de l'ampoule ? QI-QI piaille la poule. 132 se gausse la courbe, en réponse. Quel vacarme dans la basse-cour ! Quel silence dans la *haute-cour* ! Essayons d'y voir clair et de donner du sens aux tests qui mesurent le Quotient Intellectuel.

---

6. Je suggère la version audio de Marlène Jobert, CD aux éditions Glénat. Parce que ce caneton est différent de ses frères, tous les animaux de la basse-cour se moquent de lui. Il commence alors un long voyage, au cours duquel animaux et humains continuent de le railler et de le rejeter. Un jour, il croise de superbes oiseaux blancs : des cygnes. Mais pourquoi se sent-il tellement attiré par eux ?
Quant à la version *ampoulaillée* du conte, venez découvrir *Gare aux coquilles* en vidéo sur Internet pour un moment de fun avec le son et l'image sur youtube : http://www.youtube.com/user/quosetoujours#p/u/1/JBPtql6Mo5Y.

T'es QI, toi ?

Comme il serait réducteur, voire avilissant, d'identifier quelqu'un à un chiffre ! Dans les cours de récréation, il n'est pas rare qu'on se donne des coups de pieds au QI. D'ailleurs, les psychologues communiquent rarement le chiffre aux enfants qui passent le test. Il est vrai qu'il est possible de faire un mauvais usage d'un résultat de test. C'est pourquoi les professionnels habilités à pratiquer ces diagnostics sont prudents et consacrent un temps important à expliquer, à donner du sens.

Pour la partie quantitative de « l'examen », il y a en fait trois chiffres dans le bilan de ces tests psychométriques. Un chiffre de QI Verbal, un chiffre de QI Performances. Puis un troisième chiffre qui est la résultante (moyenne statistique) des deux premiers. C'est ce dernier (QI Complet) qu'on appelle communément le quotient intellectuel.

Le QI est étalonné de sorte que la moyenne soit à 100. La répartition de la population s'étend sur une courbe en cloche qui porte le nom d'un mathématicien surdoué, Friedrich Gauss.

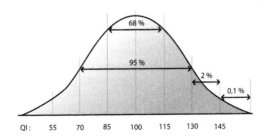

La déficience intellectuelle et la surdouance se situent aux extrémités de cette courbe. Un diagnostic de surdoué peut s'envisager aux alentours d'un QI complet de 130. Il n'est pas rare que ce graphique aide certains surdoués à comprendre pourquoi ils se sentent si seuls. Un pour mille au-delà de 145 ! Même deux pour cent au-delà de 132, c'est peu... Pour autant, les affinités ne s'opèrent pas exclusivement par une proximité intellectuelle quantitative. Heureusement ! Mais reconnaissons que *qui se ressemble tend à s'assembler.*

La notion de QI n'a qu'un siècle d'existence. De nombreux chercheurs ont mis au point des tests différents. Certains sont destinés à une classe d'âge spécifique. Ainsi, le WISC s'adresse aux enfants de 6 à 17 ans. Selon l'âge des adolescents, un psychologue préférera peut-être le WAIS destinés aux 16-89 ans.

Pour les enfants plus jeunes, il existe d'autres tests mais je laisse les psychologues vous expliquer cela de vive voix si vous voulez en savoir davantage. Certaines associations sont aussi de bon conseil pour orieter votre démarche de diagnostic[7]. Mais dans quelle mesure peut-on faire confiance à ces tests ?

Quelle est la fiabilité de ces tests ?

La fiabilité d'un test de QI dépend certes de la qualité intrinsèque du test et de la rigueur de la recherche qui a permis de l'élaborer. De ce côté-là, en un siècle, la

---

[7]. Les coordonnées de ces associations sont indiquées en fin d'ouvrage.

recherche en psychométrie a fait du beau travail. Il n'en reste pas moins que le QI mesure certaines formes d'intelligences (principalement *logico-mathématique, visuo-spatiale* et *verbale*) et fait abstraction d'autres formes telles que l'intelligence émotionnelle, relationnelle, corporelle... Ainsi, ce qui est mesuré n'est qu'un indice qui permet d'orienter le diagnostic.

Cependant, le résultat n'est pas toujours fiable car il dépend beaucoup de l'état d'esprit dans lequel la personne passe le test. Il dépend aussi de l'état émotionnel du moment de la passation. Certains enfants n'ont pas envie de passer le test. Certaines personnes ont peur d'échouer et sont donc très stressées, perdant ainsi une part importante de leurs ressources intellectuelles. Certains au contraire, font tout pour échouer, pour des raisons que nous considérerons plus tard. La qualité du lien entre la personne et le professionnel est essentielle. Les psychologues font de leur mieux pour rassurer, créer un climat propice, mais l'apprivoisement ne se fait pas toujours.

Or, on dispose de peu de temps pour obtenir la confiance et la quiétude qui permettent de manifester les aptitudes que l'on veut tester. N'oublions pas que le contexte de passation de test est souvent une période de mal-être. De légèrement déprimé à très dépressif, une vaste gamme d'états peut faire varier la crédibilité des réponses au test. Ajoutons qu'une proportion significative de surdoués est dyslexique ou dyspraxique. Des troubles de l'attention peuvent aussi fausser les résultats. Un bon professionnel est très attentif à la façon dont la personne vit l'épreuve du diagnostic[8]. L'analyse des résultats ainsi que l'observation de la personne pendant la passation du test permettent au psychologue de juger de sa fiabilité.

Quoi qu'il en soit, un score élevé de QI n'a pas valeur de diagnostic de surdouance. On peut même évoquer parfois un niveau d'intelligence élevé (QI > 130) chez des personnes qui n'ont pas ou très peu de caractéristiques de surdouance. De même qu'un score inférieur à 130 n'indique pas à coup sûr que la personne n'est pas surdouée. Au-delà des chiffres, le professionnel analyse la façon de raisonner. Ainsi, les procédures, les stratégies sont décelables dans l'analyse détaillée du test puisqu'on ne s'intéresse pas uniquement au combien mais aussi au comment. Les hypothèses formulées grâce à la détermination du quotient intellectuel doivent être vérifiées en procédant à une étude complexe de personnalité. Cette étude passe par un entretien.

La deuxième lame coupe le poil avant qu'il ne se rétracte

Un diagnostic de surdouance s'élabore en deux temps. La démarche diagnostique doit être une approche complexe et globale qui tient donc compte de nombreux paramètres. La seconde phase complète la première lors d'un entretien qui se fait en tête-à-

---

8. Pour en savoir plus sur les troubles d'apprentissage associés à la surdouance, voir le site de Cogito'Z : http://www.cogitoz.com/PI.aspx?PLinkId=20&PT=100. Plus précisément sur la dyslexie, on peut lire aussi *Le don de dyslexie* de Ronald D. Davis et Eldon M. Braun, La Méridienne/Desclée de Brouwer, 1995.

tête. Même pour les jeunes enfants, la présence des parents n'est pas souhaitable. Au cours de cette discussion, le psy va poser de nombreuses questions sur des points qui feront l'objet d'un long chapitre de ce livre. Le professionnel cherche s'il y a ou non dans la personnalité des caractéristiques de surdouance. Il va par exemple vérifier la présence d'une éventuelle hyperactivité mentale, guetter des traces d'hypersensibilité, voir si la personne connaît souvent l'ennui, la solitude, etc.

C'est donc en fonction de nombreux paramètres qualitatifs et quantitatifs que le psychologue posera ou non un diagnostic de surdouance. Un bon professionnel se doit de présenter un compte rendu détaillé oral et écrit de son travail. Il est essentiel que la personne qui découvre sa surdouance ou sa *non-surdouance* soit accompagnée dans cette découverte. C'est un euphémisme de dire que cette information n'est pas neutre sur les plans psychologique et social. C'est pourquoi l'entretien qui clôt la phase diagnostique nécessite une grande finesse d'expression, un tact spécifique qu'un psychologue est censé avoir acquis dans sa formation et son expérience. Pour les enfants, il est même souhaitable que le compte rendu se fasse en deux entretiens séparés dont l'un se déroule seulement entre le psy et les parents. La découverte de la surdouance de son enfant n'est pas facile non plus. Elle induit chez chaque parent des réactions, des effets psychologiques importants. Parfois des angoisses, parfois des exigences excessives, parfois du déni… L'enfant n'a pas à subir certaines de ces réactions. Préparer les parents à accueillir cette nouvelle ou cette confirmation fait partie du travail du psychologue. Pour la personne qui découvre sa surdouance, ainsi que pour son entourage proche, il va falloir digérer ce scoop.

Le diagnostic n'étant évidemment pas une fin en soi, il s'agit aussi de réfléchir à cette double question : pourquoi a-t-on entrepris cette démarche et où doit-elle nous mener ? Ce questionnement est enrichi en partie par un dialogue avec quelqu'un qui connaît bien les modes de fonctionnement des surdoués. Une lecture ou un partage avec des gens qui vivent quelque chose de similaire peuvent aussi aider à s'informer quand on ignore tout ou presque de la surdouance. Mais qu'est-ce qui peut pousser quelqu'un à entreprendre cette démarche ? Qu'est-ce qui peut nous mettre…

… la puce à l'oreille ?

On ne va pas faire un test de surdouance par hasard. Que ce soit pour soi ou pour quelqu'un d'autre, des signes ont attiré notre attention. Pourtant, si vraiment on ignore tout de la surdouance, on n'interprète à leur juste valeur aucun des signes d'une probable surdouance. Ainsi, nombreuses sont les personnes qui passent toute leur vie à subir ce cumul de particularités dont elles ne comprennent pas le sens et qui l'interprètent comme une bizarrerie, voire comme des signes de folie. Ce qui parfois rend effectivement fous certains surdoués, c'est la mauvaise interprétation qu'ils font des manifestations de leur surdouance. Le plus grand vecteur de souffrance chez les surdoués, ce sont les jugements moraux qu'ils portent sur eux-mêmes. Certes, les autres jouent un rôle indéniable dans le renvoi d'une image non conforme à la norme. Mais le poids de ces regards finit par s'intérioriser puis au fil du temps, c'est de l'intérieur que viennent les reproches de ne pas être « normal ». La courbe de Gauss nous rappelle objectivement que nous ne sommes pas dans la norme.

Est-ce que cela peut rassurer les surdoués de savoir qu'ils sont dans la norme des surdoués ? Peut-être. Mais la liberté et la sérénité viennent dans l'acceptation de la singularité. Surdoué ou non, chacun de nous a des points communs avec d'autres personnes et aussi des différences. Il est en fait assez normal que la société s'adapte principalement au plus grand nombre. C'est un des grands marqueurs de civilisation qu'une société s'adapte aussi à des minorités. La prise en charge des handicaps est un signe de maturité et de sagesse dans une culture. Tout à gauche de la courbe de Gauss, on voit que les déficients intellectuels sont pris en charge dans leur problématique. Or, à l'autre bout de la courbe, les représentations simplistes qu'on a de ces « privilégiés » est qu'ils ont tout pour réussir et qu'ils n'ont besoin de rien. Qu'ils ne viennent donc pas se plaindre, suppose-t-on implicitement. De fait, les surdoués ne se plaignent pas. Pourtant leurs différences leur pèsent d'autant plus s'ils ne les comprennent pas.

Différences, signes, caractéristiques… essayons d'être concrets, bien que la plupart soient abstraits. Les APIE adorent les paradoxes…

Les caractéristiques de la surdouance

À part les rayures noires et blanches sur la peau, on ne distingue guère un zèbre par son aspect physique. C'est principalement sur les plans mental et socio-affectif que la distinction s'opère. Voici donc deux listes de signes qui caractérisent les surdoués en général. Il est peu probable qu'un surdoué se reconnaisse dans la totalité de ces caractéristiques. Mais le cumul de plusieurs vous interpellera sûrement. À force d'observer, de travailler avec, d'aimer des milliers de cygnes, on commence à avoir une vision panoramique et statistique qui permet d'en connaître les principaux signes. Ces listes de signes de cygnes ne sont pas exhaustives mais elles permettent d'avancer dans la connaissance de soi, au point peut-être de mettre la puce à l'oreille et de suspecter une surdouance qu'on éprouvera ou non le besoin par la suite, de vérifier auprès d'un(e) spécialiste.

Les caractéristiques mentales

Les surdoués pensent différemment. Ils ont une intelligence différente. À l'instar des empreintes digitales, il n'existe pas deux zèbres ayant exactement les mêmes rayures. Pourtant tous les zèbres sont rayés. De la même manière, l'intelligence des surdoués a des particularités que l'on retrouve très souvent chez les surdoués et très rarement chez les non-surdoués. Voyons ces fréquents points communs.

Un rythme mental rapide

La pensée des surdoués est parfois qualifiée de fulgurante. Elle est certes rapide mais elle est souvent aussi omniprésente, voire envahissante. L'entourage peut s'en plaindre si elle est extériorisée. Cela peut prendre alors la forme d'une logorrhée, d'un bavardage incessant. Mais la première victime de ce flot mental ininterrompu, c'est d'abord (voire seulement, quand la personne est – ou plutôt devient – introvertie) le surdoué lui-même. Beaucoup d'enfants précoces expriment l'anxiété que leur procure cette source intarissable qui certes peut être assez amusante ou excitante mais qui devient vite insupportable.

Alors intuitivement, très tôt, les enfants mettent en place inconsciemment des stratégies de distraction. Les programmes télévisuels les plus niais sont un refuge pour les *surpensants,* un vrai repos de l'esprit. L'addiction aux jeux vidéo peut aussi être un moyen de concentrer la pensée afin d'en contrôler le flux.

> *Lakhdar*, 8 ans, remplit des pages et des pages de dessins faits d'arabesques toujours identiques.
>
> *Isabelle*, 15 ans, s'ennuie pendant les cours. Sur son cahier, elle écrit vendredi 16 avril 14h45. Une minute plus tard, elle écrit vendredi 16 avril 14h46. Et ainsi de suite…
>
> Quel repos de l'intelligence, n'est-ce pas ?

On observe aussi que des TOCS de comptage permettent, dans des moments d'angoisse, de canaliser la pensée et de l'orienter vers une activité mentale circonscrite dans une dimension vaguement ludique mais toujours répétitive. L'enfant compte les fenêtres d'une maison, le nombre de trous dans un mur, les feuilles d'un arbre.

> *Anne*, 12 ans, doit mémoriser le nombre de marches de tous les escaliers qu'elle emprunte (savoir s'ils sont en nombre pair ou impair) afin de déterminer par quel pied il faut commencer pour être sûre de finir sur le pied droit.

Ces « jeux » peuvent se poursuivre à l'âge adulte, surtout dans les moments où l'anxiété est la plus forte. L'arrêt de la pensée s'opère aussi dans l'action. Alors, on peut aussi à tout âge trouver dans l'hyperactivité un exutoire à l'emprise et à l'envahissement de la pensée.

L'omniprésence envahissante de la pensée est une des gênes de l'enfant surdoué. Quand la gêne devient souffrance, si l'on y ajoute quelques autres que nous allons découvrir dans ce chapitre, on finit par comprendre pourquoi tant d'EIP utilisent une part conséquente de leur intelligence pour tenter de détruire leur intelligence, apparemment cause de tous leurs maux. Pour découvrir cette dynamique destructrice, je recommande vivement la lecture d'un petit roman amusant et lumineux de Martin

Page[9]. *Comment je suis devenu stupide* raconte l'histoire bourrée de paradoxes d'un jeune homme très intelligent qui pense que son intelligence est la cause de son profond mal-être. Alors, il entreprend avec génie de la détruire. Ce livre très intelligent fait écho au titre provocateur de Jeanne Siaud-Facchin *Trop intelligent pour être heureux ?*[10] Sur la première page du livre de Martin Page on trouve deux citations. La première est d'Oscar Wilde *: « Il leur enviait tout ce qu'ils ne savaient pas[11]. »* La seconde brille par une profondeur insoupçonnée ; on la doit aux Beatles : *« Ob-la-di ob-la-da life goes on bra[12] ».* L'ob-bra m'en tombent !...

Bien que problématique quand on ne sait pas la gérer, la vélocité cognitive est un fabuleux atout pour apprendre et pour penser efficacement. En général, les enfants précoces arrivent à en tirer parti dans les premières années de leur scolarité. À l'école ou ailleurs, ils captent vite, comprennent avant qu'on ait fini d'expliquer.

Cependant, cette impressionnante vitesse de raisonnement et de mémorisation ne leur permet pas d'identifier le cheminement logique de leurs pensées. L'évidence de savoir en interdit le partage avec autrui. Souvent, ils ne savent pas expliquer comment

---

9. M. Page, *Comment je suis devenu stupide*, J'ai lu, 2002.

10. Elle cite de nombreuses fois le livre de M. Page dans son propre ouvrage, publié chez Odile Jacob (2008).

11. *In Le crime de lord Arthur Savile*, 1891.

12. *Ob-la-di ob-la-da*, Album blanc, 1968.

ils ont trouvé une solution à un problème. Cette inconscience du cheminement logique leur est très préjudiciable, notamment sur le plan scolaire. L'impression qu'ils savent déjà les rend hermétiques à toute méthode. Or, pour aider un enfant surdoué, il va falloir étayer son intelligence avec des supports méthodologiques conscients. Son surdon lui a *surdonné* une facilité. Il en use naturellement et en abusera spontanément jusqu'à l'entrée au collège. C'est souvent vers 10-12 ans que l'efficacité scolaire commence à décliner brutalement.

> Un des drames du jeune surdoué consiste dans l'angoisse de perdre son don de facilité. Il craint de voir disparaître cette intelligence qui lui aurait été octroyée comme par magie et qui pourrait donc lui être ôtée de façon tout aussi mystérieuse puisqu'il n'en saisit pas la provenance.

Un mode de pensée en arborescence

Malgré les bandes rectilignes de son pelage, le zèbre a rarement une pensée linéaire. Les pensées galopent dans sa savane cérébrale, elles se chevauchent, parfois trop, rarement au trot, mais… jamais au pas. Difficile de faire marcher un zèbre au pas…

Les pensées s'enchaînent en permanence en activant simultanément plusieurs canaux cognitifs, en créant des liens qui créent des liens qui créent des liens…

> *Pensée arborescente :*
>
> La table des matières page 4 vous a peut-être surpris(e). Elle illustre graphiquement la pensée en arborescence.
>
> *Pensée rectiligne :*
>
> Sujet ► Définition ► Problème ► Solution

Ce genre de carte mentale *(mind map)* est assez prisé par les gens qui « fonctionnent » de façon intuitive, globale, synthétique, visuelle et spatiale. C'est le cas de la majorité des surdoués. On comprend que cet apparent fouillis puisse gêner la compréhension des personnes qui raisonnent de façon plus « classique », plus linéaire.

La pensée en arborescence est un turbo pour la créativité. Elle permet aussi de faire plusieurs choses en même temps. La plasticité intellectuelle qui en découle favorise l'accès à des idées originales, surprenantes ou choquantes qui suscitent l'agacement, le scepticisme ou l'admiration. Elle a aussi cette particularité de rendre souvent difficile de partager des stratégies mentales. Cette difficulté de communication est souvent préjudiciable dans la plupart des systèmes scolaires actuels. Il existe des structures alternatives qui prennent en compte ces différences [13].

---

13. Voir entre autres les pédagogies Montessori, La Garanderie, Steiner, Freinet…

Les recherches menées sur la prédominance hémisphérique du cerveau montrent que les surdoués ont une forte propension à « privilégier » l'hémisphère droit dans leur façon de penser. Ce *privilège* n'a rien d'un choix volontaire ou conscient ; c'est un mode de fonctionnement qui s'impose et qu'on retrouve de façon statistiquement récurrente chez les vilains petits canards avant et après le blanchiment de leurs ailes.

hémisphère **gauche**	hémisphère **droit**
pensée linéaire	pensée globale, arborescente
verbal	visuel, spatial
temporel, numérique	spatial, analogique
analytique	synthétique
rationnel, déductif	intuitif, inductif
pensée convergente	pensée divergente

Attirée par la complexité, la dimension systémique des choses, l'ampoule a une pensée lumineuse qui s'appuie largement sur le mode intuitif. Mais elle a besoin d'un traducteur pour décoder sa lumière et ainsi éclairer le monde des autres. En ignorant la spécificité de sa pensée qui la distingue des autres œufs dans le même panier, l'ampoule surdouée croit de bonne foi que tout le monde pense comme elle. Alors, trompée par cette évidence, elle commence à projeter de la mauvaise foi chez les autres. Le rejet et l'isolement la guettent. Comprendre les autres, se comprendre soi-même ne sont pas les moindres questions qui nourrissent la curiosité *ampoulaire*.

Un immense besoin de comprendre

À moins qu'elle ne soit hélas précocement refoulée « *parce que l'intelligence, ça rend malheureux* », la curiosité est extrêmement présente chez les surdoués. Mais leur besoin de savoir est moins tenace que celui, plus impérieux, de comprendre. Accumuler des connaissances peut séduire un zèbre mais le quoi sans le pourquoi et le comment lui semble bien fade. Nombreux sont ceux qui le refusent catégoriquement. Ce rejet n'est pas sans lien avec un rapport à l'autorité arbitraire qu'exècrent les APIE. Une assertion sans fondement ne vaut rien à leurs yeux. On ne peut guère impunément affirmer sans argumenter. Les enseignants et les parents paient un coûteux tribut à ce jeu de celui qui sait.

> *Vitus* a 12 ans. Il demande à son enseignante : « Alors les professeurs connaissent toujours plus de choses que leurs élèves ? » L'enseignante, un peu embarrassée, répond par l'affirmative. L'enfant, défiant, lui demande si elle sait qui a inventé la machine à vapeur. Ce à quoi le professeur répond fièrement que l'inventeur en question s'appelait James Watt. Alors Vitus dit ceci :
> « – Dans ce cas, pourquoi ce n'est pas le professeur de James Watt qui est l'auteur de cette invention [14] ? »

---

14. Ce dialogue est tiré du film suisse *Vitus, l'enfant prodige*, de Fredi M. Murer (2006). Le rôle de Vitus est joué par le jeune pianiste virtuose Teo Gheorghiu. Le film s'inspire de sa propre vie.

Les surdoués sont des moulins à questions. Qu'ils les posent ou non aux autres, ils s'en posent à eux-mêmes en permanence. Tout jeunes, ils croient encore que les adultes vont apporter à leur boulimie de connaissance toutes les réponses censées satisfaire leur insatiable curiosité. L'inévitable désillusion qu'ils vont connaître peut peser lourd dans leur rapport aux autres. Puis il y aura aussi la « trahison » de l'école puisque le précoce, enthousiasme pour ce lieu d'apprentissage, va se heurter à une inadéquation entre son atypie et la rigidité du système scolaire. Ces déceptions quant aux immenses et vains espoirs portés sur les « grandes personnes » pèsent lourd chez l'EIP dans son rapport au monde.

Très jeune déjà, le besoin de comprendre peut se muer en une intolérance, un refus de ne pas comprendre. Ce côté impérieux peut donner l'impression que l'enfant est capricieux. Cette exigence est souvent vécue comme une insupportable tyrannie intellectuelle. L'entourage peut ainsi trouver l'enfant pénible. Que le conflit soit patent ou latent, cette palpable tension explique en partie le mécanisme de *suradaptation* à l'environnement social. Le rapport de force pousse plutôt l'enfant à céder après un plus ou moins long combat. Là commence le repli sur soi et parfois la détérioration du haut potentiel. Pour en éviter les principaux malentendus et les pièges qui les guettent, l'enfant et son environnement éducatif ont un imminent besoin de comprendre ce qui se joue. L'ignorance des complexes rouages de la surdouance est la principale cause de maladresses et de souffrance. Pour parents, enseignants et autres partenaires éducatifs, il ne s'agit pas de faire l'impossible et de satisfaire coûte que coûte la curiosité de l'enfant avide de connaissance. Il convient en revanche d'accueillir son besoin et d'y répondre, juste dans la mesure de ses moyens directs (ses propres connaissances) et indirects (autres ressources telles que livres, Internet…). Quand on ne sait pas, on ne sait pas. Ce n'est pas humiliant d'ignorer. Mais la susceptibilité, la mésestime de soi des adultes rendent ces imperfections dérangeantes au point de couper toute envie à l'enfant de récidiver dans ces apparentes mises en échec des « grands ».

> Retenons de ce besoin de comprendre qu'il est une ressource précieuse surtout si l'on apprend à DONNER DU SENS à ce que l'on fait ou à ce que l'on pense bon de faire faire à un surdoué.

Au sublime *Pourquoi ?* on adjoindra le sublimissime *Pour quoi ?* qui indique la finalité, l'ultime justification qui fait dire à Rabelais : « *Science sans conscience n'est que ruine de l'âme.* »

C'est une démarche intellectuelle et philosophique qui demande beaucoup de courage et d'amour. Mais il en faut indéniablement pour *prendre un EIP par la main et l'emmener vers demain, pour lui donner la confiance en son pas*[15]… Le développement durable d'un APIE en dépend.

---

15. Et ne surtout pas le prendre pour un roi. Qu'Yves Duteil me pardonne cette réserve sur sa magnifique chanson (1977).

Un esprit critique très aiguisé

On comprend aisément, à la lumière des paragraphes qui précèdent, qu'il n'est pas facile de raconter n'importe quoi à un surdoué. Le fréquent manque de confiance en soi qui s'installe peut empêcher d'exprimer clairement le désaccord. Mais qui ne dit mot ne consent pas forcément, contrairement au proverbe simpliste qui réjouit les manipulateurs. Ainsi, un discours peu étayé sur un plan argumentaire a peu de chance de convaincre un drôle de zèbre.

Une imagination débordante

Le mode de pensée des surdoués les rend a priori hostiles au conformisme. Bien que certains paient cher le prix d'une plus paisible sociabilité, l'une des plus grandes forces des cygnes, c'est leur inépuisable et surprenante imagination. Leur mépris pour les tâches répétitives n'explique pas à lui seul leur goût prononcé pour l'originalité. La pulsion première du zèbre est celle d'un libre-penseur, d'un créateur. Cette impulsion est souvent freinée, parfois sévèrement réprimée, au point qu'on puisse douter qu'elle ait existé. La Terre est ronde. Certains en doutent. Et pourtant, elle tourne…

Un sens aigu et précis du langage

Malgré les dialogues de sourds qui les assourdissent, les cygnes apprennent vite le langage des signes. Les

EIP apprennent très tôt à parler avec leurs mains, leurs bouches, avec tout ce qu'ils ont à leur disposition. Ils ont une fringale de communiquer qui les pousse à acquérir le langage articulé avec d'autant plus de précocité que l'enfant intègre les mots comme une exceptionnelle possibilité de satisfaire sa curiosité.

Comment ne pas s'émerveiller devant le spectacle d'un tout jeune enfant qui exploite un mot entendu dans un contexte et qui l'utilise dans un autre avec justesse, voire avec subtilité ? On en douterait presque que les premiers apprentissages s'opèrent par mimétisme.

> *Julie* a 5 ans. Je la rencontre pour la première fois à l'occasion d'un déjeuner chez ses parents. Après avoir passé un moment très agréable avec cette charmante petite fille et sa famille, nous nous quittons et je dis au revoir à chacun. Julie me dit :
> – Au revoir, ça veut dire qu'on va se revoir ?
> – Peut-être, oui, lui dis-je.
> – Si c'est pas sûr, alors on devrait dire « Au revoir peut-être ».
> – Oui, tu as raison. Ce serait plus juste.
> Je sens la gamine gamberger. Puis elle ajoute :
> – Et si c'est sûr qu'on ne se reverra pas, alors on dit adieu, comme quand on va voir Dieu pour mourir.

J'ai repensé à Daniel Pennac qui, me semble-t-il, parle à sa manière des surdoués lorsqu'il évoque les cancres dans son livre *Chagrin d'école*[16]. J'ai repensé

---

16. Gallimard, 2007.

aussi à la campagne publicitaire qu'il avait faite pour le respect à l'école en 2001[17]. Dans ce court clip, il disait : « *Le respect, le respect... tout le monde veut être respecté. Mais qu'est ce que c'est au fond le respect ? Prends un mot "bonjour". Imagine que les profs, les élèves, ou n'importe qui, pensent vraiment ce qu'ils disent quand ils disent "bonjour". Tu souhaites vraiment un bon jour à quelqu'un, du bonheur pour la journée. Ben, c'est ça le respect. C'est l'oxygène qu'on respire, c'est ce qui nous permet de vivre ensemble.* »

Cette interprétation littérale du sens des expressions et des mots est fréquente chez les enfants dont le QI verbal est très élevé. Leur maîtrise des métaphores atteint parfois très tôt un niveau saisissant. Hélas, cette précoce précision linguistique a tendance à agacer les adultes qui ne réagissent pas très bien, trop souvent. Les enfants en général, et les EIP en particulier, ont ce fascinant et agaçant pouvoir de remettre en cause nos évidences. Mais l'orgueil pousse souvent à balayer du revers cette naïve insolence. Enfin, naïve… jusqu'à ce que l'enfant se construise dans le défi et l'opposition.

Cette étonnante facilité dans le maniement du langage est très propice à l'humour. Le second degré est souvent privilégié. Ce qui a pour conséquence qu'il n'est pas compris par tous. Il peut ainsi sembler élitiste car les atypiques ont à cœur de laisser sur le carreau les traits flétris d'un langage sans couleur, sans saveur.

---

17. « Le respect, ça change l'école. » Campagne de l'Éducation nationale. Pour voir le clip dans les archives de l'INA : http://www.ina.fr/pub/divers/video/PUB2346200074/respect-a-l-ecole-respect-ca-change-l-ecole-daniel-pennac.fr.html

> *Hervé*, 7 ans est en centre de vacances. Ses « camarades » se moquent souvent de lui et l'appellent « le pisseur de lit ». Un matin où il a à nouveau mouillé ses draps, l'animatrice dramatise : – Quelle catastrophe !
> Ce à quoi l'enfant répond avec un sourire coquin :
> – Mais non, c'est pas si grave. C'est pas une cacastrophe, c'est juste une pipistrophe !

« Les enfants surdoués ne sont pas toujours précoces », tient à rappeler Jean-Charles Terrassier. Ce psychologue est à l'origine du concept de dyssynchronie. Cette notion permet de mieux comprendre d'apparents paradoxes, et plus particulièrement la part d'immaturité qui est trop souvent reprochée aux EIP.

La dyssynchronie interne

On distingue la dyssynchronie interne de la dyssynchronie sociale. Cette dernière sera évoquée ultérieurement.

La dyssynchronie décrit un décalage de maturation entre deux champs de développement. Une de ces manifestations oppose un sur-développement intellectuel à un sous-développement psychomoteur. Comment ne pas s'étonner, par exemple, qu'un enfant si doué dans la maîtrise précoce du langage ne sache pas s'habiller, lacer ses chaussures, faire une tâche que d'autres enfants du même âge font facilement ? Comment expliquer de telles maladresses gestuelles alors, chez un enfant si adroit de façon plus abstraite ? Et pourquoi tant d'enfants dits précoces écrivent-ils si mal ? Eh bien justement, la pensée est bien plus rapide que le geste. Chez les surdoués, cet écart est plus grand encore. La main court après la tête mais ne la rattrape jamais. Le stylo est en retard. Comment, alors, ne pas sauter des mots, omettre des chiffres ? Comment ne pas commettre des étourderies alors que dans sa tête on est déjà deux lignes plus bas et qu'elles ne sont pas encore écrites ? C'est un enjeu majeur d'épanouissement que d'apprendre à synchroniser la pensée et l'expression, l'intention et l'action. Les nécessaires tâtonnements des apprentissages psychomoteurs sont insupportables pour certains jeunes zèbres. Leur impatience se double trop souvent d'une intolérance à l'échec. Il importe d'instaurer au plus tôt un climat d'apprentissage qui intègre – qui rend ludiques, même – les tâtonnements, la maladresse, indispensables à toute acquisition. Il est essentiel de persévérer et ainsi de ne pas laisser l'enfant s'enfermer dans ce qu'il sait le mieux faire. Son impérieux besoin d'équilibre réclame de solliciter autant le corps que l'esprit. Les activités sportives et artistiques doivent tenir une place de choix dans l'éducation de ces enfants[18].

---

18. Le décalage entre l'intellect et l'affectivité/émotivité est une autre forme de dyssynchronie interne. Pour en savoir plus sur ce vaste sujet, on peut lire les ouvrages de Terrassier, Adda et autres auteurs cités en bibliographie. Voir également les travaux de Laurence Vaivre-Douret qui montrent qu'avant l'âge de 3 ans, on ne trouve guère de dyssynchronie chez les surdoués. La précocité serait globale et synchrone jusqu'à ce qu'elle soit perturbée par des événements environnementaux, éducatifs. Voir aussi l'effet Pygmalion négatif, notion développée par Jean-Charles Terrassier.

La plupart des idées préconçues qui défigurent les surdoués sont des caricatures des caractéristiques mentales. Avec mépris, on considère « l'intello binoclard » qui ne vit que d'abstraction, le *geek*[19] enfermé dans son monde virtuel, le premier de la classe qu'on envie ou qu'on méprise, le génie qu'on admire de loin... Pour beaucoup de gens, le surdoué a (ou est !) une grosse tête. Un gros QI semble le résumer, le réduire. Considérons maintenant sur un plan peu ou pas pris en compte, ce qui distingue les zébrés des non zébrés.

Les caractéristiques socio-affectives

Pas plus que la liste qui précède, l'ensemble des caractéristiques qui suivent n'est exhaustif. J'essaie d'aller à l'essentiel. Je me demande si la plus importante singularité des surdoués n'est pas leur immense sensibilité.

L'hypersensibilité

À tout âge, de l'œuf égaré à l'ampoule éclairée, le vilain petit canard a une vie émotionnelle très intense. Cette richesse potentielle vient notamment d'une extrême *sensorialité*. On parle d'hyperesthésie quand les cinq sens sont extrêmement développés. C'est le

---

19. Prononcer [Guic]. Le sens moderne de geek désigne quelqu'un qui s'échappe du réel, s'évade dans son imaginaire par le biais de ses passions pour l'informatique, les jeux de rôle, la science-fiction, le fantastique... L'isolement n'est pas fatal mais il laisse souvent place au communautarisme virtuel.

cas chez un nombre important de surdoués. L'hyperesthésie a certainement des causes génétiques. On peut cependant la relier à la grande curiosité décrite plus haut dans les caractéristiques cognitives.

L'hyperesthésie. Dans le plaisir et le déplaisir, les sens sont exacerbés. Avoir un odorat très pointu n'a pas que des avantages. On sent avec une aussi grande acuité les bonnes et les mauvaises odeurs. L'ouïe peut certes être fine mais elle supporte mal « le bruit ». Les cygnes sont souvent très kinesthésiques ; pour la plupart d'entre eux, le toucher donne plus particulièrement de l'intensité au lien. Est-ce à dire que les surdoués sont des personnes sensuelles ? Au sens littéral aussi, oui ! Sauf que…

> Hyper-cérébralité + hypersensibilité = hyper-sollicitation

Le cumul d'hyper c'est too much, trop de trop. De même que la pensée est envahissante, les émotions submergent. Alors, pris au piège par tant d'intensité subie, dès l'enfance, de nombreux surdoués tentent de gérer l'invasion, qu'elle vienne de l'intérieur ou de l'extérieur. Pour se protéger de ces flux vécus comme excessifs, on tente par tous moyens de faire taire ces encombrantes manifestations. De façon volontariste, le refoulement commence son œuvre de désensibilisation. On ne peut parler de sabotage sans évoquer le vécu d'urgence de se protéger. Comment expliquer aux personnes qui ne l'ont pas vécu, que sa propre intelligence et ses propres émotions puissent être ressenties comme d'insupportables agressions ?

L'hypersensibilité n'est pas seulement sensitive, au sens neuronal et perceptif du terme. Les surdoués sont surtout affectivement hypersensibles. Avec méprise, on leur reproche parfois leur « sensiblerie ». Pour la plupart des gens, la faim dans le monde est un drame auquel on est sensible. Pour les surdoués, c'est souvent une souffrance qui les agresse personnellement, qu'ils partagent, qu'ils éprouvent jusque dans leur chair.

L'empathie. Les zèbres sont des éponges à émotion. Sont-ils poreux, sans frontière entre le soi et le non-soi ? Avec ce potentiel universaliste, ils vibrent à l'unisson de ce qui les entourent sans guère pouvoir filtrer le contenu de leur environnement. De prime abord, ils semblent incapables d'orienter ce qui peut entrer en soi et ce qui doit être maintenu à distance. L'esprit critique n'a guère de prise sur cette communion apparemment incontrôlable. Ainsi, le cœur et la tête sont le siège de conflits intérieurs. Je sais bien mais c'est plus fort que moi… Le plus souvent, c'est la dictature affective qui prend le pas sur la tyrannie mentale. Faute de vouloir domestiquer cette bête sauvage, il faudrait apprendre à apprivoiser l'animal apeuré. Je pense qu'on doit la plus belle leçon d'apprivoisement à un cygne majestueux qui volait bien haut dans le ciel. Finalement, plus humain qu'oiseau, il s'était contenté de l'Aéropostale pour créer des liens d'un bout à l'autre de sa planète[20]. Ajoutons le renard à notre bestiaire. Les surdoués ont souvent un rapport sensuel ou fusionnel avec la nature. Animaux, végétaux et minéraux sont de potentiels amis. Sentir la douleur d'un arbre qu'on abat, se réjouir profondément devant un oiseau qu'on libère de sa cage, chaque être de la Création est perçu comme sensible et cette sensibilité fait écho à sa propre sensibilité. La communion vibratoire est permanente.

> *Ingrid*, 7 ans, hurle et pleure, impuissante devant ses frères qui torturent une fourmi. Son comportement peut sembler hystérique. En fait, elle souffre, elle crie pour qu'on arrête illico de lui faire du mal.

Dans la faune humaine, l'empathie se traduit par une perception fine des émotions de l'entourage. D'infimes tensions sont captées, le plus souvent avec justesse. Cela n'empêche certes pas quelques projections, mais elles portent plus sur la nature ou la cause que sur l'existence même de ces tensions. À l'instar des dauphins, les surdoués ont un sonar émotionnel performant.

On pourrait tirer d'eux de précieuses mises en garde car ils sont capables de déceler les signes avant-coureurs des crises bien avant qu'elles se manifestent de façon suffisamment bruyante pour qu'on ne

---

20. Antoine de Saint-Exupéry est bien sûr l'auteur de ces perles poético-philosophiques. Venez découvrir le site officiel du Petit Prince et quelques-uns de ses passionnés : http://www.lepetitprince.com/#/presentations/?t=0&id=10&slot=1&ref=3

puisse plus les ignorer. L'autruche ne fait pas partie du bestiaire des surdoués, du moins tant qu'on ne refoule pas cette hypersensibilité qui est hélas globalement plutôt vécue comme encombrante. L'anticipation des conséquences et un sens aigu des responsabilités engendrent une hyper conscience particulièrement difficile à vivre.

Comment ne pas être tenté de faire comme les autres et de céder à la facilité de mettre la tête dans le sable ? Reconnaissons qu'à court terme, c'est plus reposant.

Cette empathie subie pousse vers une forme tyrannique d'altruisme. Comment se centrer sur soi, se ressourcer, faire abstraction des autres quelques instants alors qu'ils interfèrent de façon incessante dans mon univers intime ? Comment savoir in fine si mes émotions m'appartiennent vraiment ou bien si je subis la contagion de celle des autres ? Sensible à toutes les injustices, comment ne pas finir par me blinder contre la misère du monde qui vient s'ajouter à la mienne ? Le besoin de se protéger se fait sentir très tôt, de façon d'autant plus aiguë que le système socio-immunitaire semble dangereusement défaillant.

Il semble que les surdoués soient intrinsèquement constitués pour vivre en profondeur et en intensité. Mais sans une solide préparation, cette vie-là est exténuante, voire suffocante pour soi et parfois pour l'entourage. J'anticipe sur la chronologie des chapitres en annonçant que la préparation dont il est question repose sur deux fondements :

1. Connaissance de soi
2. Développement durable de soi

La connaissance de soi passe notamment par un diagnostic le plus précoce possible de la surdouance. Quand je dis *le plus précoce possible*, j'entends aussi par là qu'à 50 ans, c'est mieux qu'à 70 ans. Mais il n'est pas impossible qu'à 90 ce soit moins bien qu'à 89 car le regret et l'amertume peuvent avoir eu raison de l'envie de vivre dans le respect de notre être profond plutôt que dans la suradaptation et le déni de soi.

Puis la connaissance de soi passe aussi par la connaissance des règles relatives de la surdouance, à savoir ces tendances que j'évoque dans les pages que vous lisez.

C'est grâce à cette double connaissance que l'on peut tirer parti de la sauvage richesse qui fait ruer le zèbre.

Mais l'hypersensibilité a aussi une grosse composante narcissique. On reproche souvent aux surdoués une forte propension à la susceptibilité.

La susceptibilité. La susceptibilité est une hypersensibilité liée à l'image de soi. C'est un des troubles de l'estime de soi. À défaut de s'aimer soi-même, on attend que ce soit les autres qui s'en chargent. Voilà un résumé vite expédié[21].

---

21. Pour en savoir plus, lire *Susceptible et bien dans ma peau*, Jouvence, 2008.

Pour bien comprendre la peur du jugement, le stress d'un examen, l'angoisse de la note, les espoirs anxieux de l'amour et du désamour… il faut considérer l'importance de la dépendance au regard des autres. La manifestation la plus tangible de la susceptibilité est la vexation. Quelqu'un me renvoie une image négative de moi et j'en suis blessé. En boudant, j'exprime mon amour-propre ? Orgueil diront certains, avec une grosse pointe de moralisme. La vexation est la partie émergée d'un iceberg psychosocial.

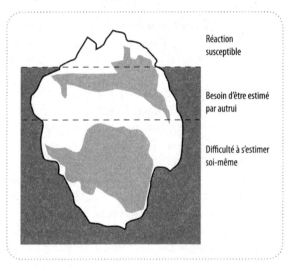

Pour bien appréhender ce qui se joue là, il faut s'équiper de masque et tuba. Mais vu la profondeur du sujet, peut-être est-il préférable de prendre des bouteilles d'oxygène, un manomètre, un détendeur… tout le matos, quoi !

Une estime de soi paradoxale

Vu la banalité de cette fragilité, est-ce que cela vaut vraiment la peine de distinguer les surdoués des autres sur ce plan-là ? Oui, je crois, car les spécificités de cette faille narcissique font qu'elle est particulièrement bourrée de paradoxes. Beaucoup de contresens faussent gravement le regard que l'on porte sur ces « génies complexes ».

Une estime fragile. De façon générale, les principales composantes d'une bonne estime de soi sont : la hauteur, la stabilité, la polyvalence, l'économie, l'autonomie. Commençons par évoquer le plus quantitatif et le plus reconnu de ces critères : la hauteur. On pourrait penser que d'avoir un HQI met d'emblée les surdoués haut sur un registre, celui de l'intelligence. Mais considérons d'abord que les fondements de l'estime de soi (base narcissique[22]) s'opèrent à une époque où le diagnostic est rarement posé.

Cependant, on observe qu'une majorité d'EIP débutent plutôt bien leur scolarité. Nombreux sont en effet ceux qui parviennent à exploiter leur intelligence pour réussir avec facilité ce qu'on leur demande et ainsi se montrer estimables par les adultes qui jouent un rôle déterminant dans l'essentielle construction narcissique. Sans effort, il leur est en

---

22. L'estime de soi est à ma vie ce que les fondations sont à ma maison. Pour en savoir plus, lire *C'est décidé, je m'aime. Le pourquoi et le comment de l'estime de soi*, Hervé Magnin, Jouvence, 2009. Voir aussi un ouvrage de référence : *Imparfaits, libres et heureux* de Christophe André, Odile Jacob, 2006.

général aisé d'être valorisés par leur entourage. Un des parcours classiques possibles est donc de grandir avec une assurance plutôt stable et même croissante. Mais quand les tâches scolaires se complexifient aux abords de l'entrée au collège, l'enfant « en avance » risque de connaître une importante baisse de résultats.

> *Arthur*, 12 ans, est déprimé. Ses résultats scolaires étaient excellents jusque-là. Peu de travail et des résultats brillants. Depuis son entrée au collège, c'est la chute. Son incompréhension de ses échecs présents fait écho au fait qu'il n'avait jamais vraiment compris non plus la cause de sa réussite passée. Tout était si facile. Cela venait tout seul, sans effort. Il en conclut qu'il a cessé d'avoir de la chance.

Cette subite chute l'amènera peut-être au paradoxal et banal échec scolaire du surdoué. Il y a un relatif consensus autour de la statistique suivante : environ un tiers des enfants surdoués sont en échec scolaire. Ce chiffre ne concerne que les EIP reconnus comme tels par des tests. Notons que le diagnostic de surdouance tend à restaurer en partie l'estime de soi.

En plus des failles du système scolaire (principalement, inadaptation aux différences), il y a des raisons internes à l'échec scolaire des paradoxalement nommés « surdoués ». Deux raisons socio-cognitives sont principalement en cause dans ce paradoxe. L'enfant jusque-là n'a guère connu de difficulté sur le plan scolaire ; il n'a donc pas acquis la culture de l'effort.

À sa culture manque aussi la méthode dont il s'était apparemment si bien passé avant.

À ce stade crucial de la vie de l'enfant, si on ne lui explique pas ce qui se passe au regard des mécanismes connus de la surdouance, il va très mal interpréter cette dégringolade.

> *Adeline*, 35 ans se souvient de la cassure :
> « La première année de collège fut difficile. Changer de salle de classe et de prof toutes les heures était nouveau et insécurisant. J'aimais bien ma maîtresse en CM2. Et puis, sans que je m'y attende le moins du monde, les cours sont devenus obscurs pour moi. Je ne comprenais plus, alors qu'avant ça marchait bien. J'avais l'impression qu'on m'avait jeté un sort. Ou plutôt deux sorts. Comme si une fée avait fait de moi une élève brillante. Pourquoi moi ? Je me souviens m'être posé maintes fois cette question. Puis un second sort tout aussi arbitraire avait décidé qu'à 11 ans, je serais rendue à un état de nullité qui était sûrement mon état initial avant le premier coup de baguette magique. Mais moi, j'aurais préféré qu'on me laisse nulle dès le départ ; je m'y serais sûrement habituée.

Ces cas de figure fréquents montrent une des manières de perdre confiance en soi. Là, il s'agit de la retrouver. La bonne estime de soi des premières années était loin d'être consolidée. Mais certains ne l'ont jamais eue. Pour eux, il n'est pas question de la **re**trouver ; il faudra la bâtir et entrer *a fortiori* en résilience[23].

Une seconde composante de l'estime de soi est la polyvalence. Bien que la surdouance prédispose à l'éclectisme, les EIP ont tendance à consolider leur moi en réussissant dans une ou quelques matières valorisées par le système éducatif. À cette tendance s'ajoutent les prédispositions cognitives des surdoués qui rendent fréquent de s'épanouir naturellement dans les mathématiques, la physique, l'informatique[24]... Ce confinement, qu'il soit plutôt rationnel et scientifique ou bien artistique ou autre, est rarement propice à un profond épanouissement. L'environnement tend à projeter ses propres désirs sur l'enfant doué. Certains parents s'enorgueillissent d'un talent de leur enfant, voulant ainsi exploiter l'ampoule aux œufs d'or (rarement à des fins vénales) sans se soucier prioritairement de l'épanouissement global de leur enfant.

Avoir plusieurs cordes à « son » harpe et ne se servir que d'une seule est une mauvaise économie de soi. Malgré le risque d'éparpillement des APIE zappeurs, il est de la plus grande importance de s'appuyer sur l'immense curiosité des surdoués pour qu'ils

---

23. Boris Cyrulnik définit la résilience comme l'aptitude d'un individu affecté par un traumatisme à transcender l'adversité, et même à s'en servir pour s'épanouir. On peut lire par exemple *Les vilains petits canards*, Odile Jacob, 2001.

24. Voir le chef-d'œuvre de Gus Van Sant, *Will Hunting*, 1997. Matt Damon et Ben Affleck en ont écrit le scénario pour lequel ils ont reçu un Oscar en 1998.

s'ouvrent un champ d'expérience aussi large que possible, développant ainsi des aptitudes multiples. *A contrario*, nos cultures modernes ont beaucoup œuvré pour produire des spécialistes, des experts. Le cloisonnement des disciplines n'a guère permis de croiser les connaissances et de créer des sciences et des arts qui répondent à une logique systémique. Le XXIe siècle semble maintenant exiger le brassage des disciplines. La pensée en arborescence des surdoués les rend sûrs et doués pour faire des liens transversaux inédits et donc innover, inventer, créer de nouveaux modèles. Or, chercher précocement à exploiter un talent de façon exclusive empêche trop souvent de découvrir d'autres talents qui, mélangés les uns aux autres, constitueraient la richesse singulière de la personne. Les surdoués n'ont pas le monopole de ce potentiel mais ils sont *cérébralement* prédisposés à, naturellement outillés pour… être singuliers et pluriels. Hélas, l'environnement normatif les pousse à une suradaptation qui coupe les ailes des cygnes et des goélands[25].

Dans une estime de soi solide, la polyvalence se manifeste par une conscience lucide de nombreuses qualités. Les surdoués développent une grande lucidité sur leurs défauts, leurs limites. Mais ils subissent eux aussi la *propagande altruiste*[26] qui diabolise

---

25. *Jonathan Livingston, le goéland.* Superbe histoire métaphorique écrite par Richard Bach en 1970. Il y a aussi le film de Hall Bartlett, sorti en 1973. Très belle musique de Neil Diamond…

26. Pour en savoir plus sur ce concept certes un peu provocateur, lire H. Magnin, *C'est décidé, je m'aime. Le pourquoi et le comment de l'estime de soi*, *op. cit.*

l'estime positive de soi par soi. Ce qui est bloqué, c'est donc la conscience de leurs propres qualités. Sur ce point, on ne peut guère les différencier des autres. En revanche, il est une autre manière de considérer les troubles de l'estime de soi. Sur cet axe-là, il y a une différence importante entre zèbres et non-zèbres. Il est question de considérer l'écart entre le *soi perçu* et le *soi idéalisé*. Chez les surdoués, cet écart est plus particulièrement source d'anxieuses contradictions.

Une estime exigeante. Le soi idéalisé est une image de soi modélisée très tôt chez l'enfant. Il se programme de façon rigide et se définit à un âge où le discernement est peu ou pas présent. Un parent talentueux, un héros de fiction, une vedette de télévision… peuvent être des modèles à partir desquels se construit le soi idéalisé. Il détermine l'exigence de l'environnement éducatif sur l'enfant qui intègre ainsi passivement et inconsciemment ce diktat et en devient le garant. S'il n'y a pas élaboration à partir de cet idéal conditionné, et s'il est très élevé, alors la personne ne se sentira jamais à la hauteur de cette injonction élitiste, pouvant ainsi se trouver « nul » malgré des succès importants mais fatalement relatifs. L'insatisfaction de soi est souvent chronique malgré des résultats qui suscitent l'admiration ou la jalousie des autres. Sans passer par un travail conscient de relativisation et d'humanisation de ce tyrannique défi, l'estime de soi restera assujettie à cette fantasmatique et injuste comparaison entre un soi perçu qui voit la partie vide du verre presque plein et un soi idéalisé qui exige toujours plus.

Un soi idéalisé élevé pourrait sembler un atout qui tire vers le haut, qui conduit vers l'excellence. Il y a juste un peu de vrai dans cette hypothèse. C'est vrai en potentiel. Mais voilà, le « potentiel » semble être tout le drame de la majorité des surdoués. Quand les parents, les enseignants perçoivent ce potentiel, avec autant de bienveillance que de maladresse, ils manifestent leur volonté de ne pas le gâcher. Cette compréhensible intention se traduit trop souvent par une angoissante pression exercée sur l'enfant. C'est un des pièges du diagnostic s'il n'est pas accompagné d'une fine compréhension de la problématique globale du surdoué. Ce livre s'adresse autant aux zèbres qu'à leur entourage (familial, pédagogique, amical…). La pression vient de l'extérieur d'abord. Mais elle s'intériorise très tôt. De nombreux adultes surdoués se comportent en tyrans vis-à-vis d'eux-mêmes.

> *Greg*, 43 ans : « Oui, je reconnais que je suis un idéaliste. Et ça me déprime de voir le monde dans l'état où il est. J'aimerais faire quelque chose et je me sens démuni. Mon impuissance me révolte et je m'en veux d'être si petit. »

Au sens large, l'acceptation des limites est souvent un problème à part entière chez les surdoués. Certains tombent dans le piège de la toute-puissance. Mais l'acceptation de ses propres limites est aussi très difficile. C'est plus particulièrement un grand écart entre le soi perçu et le soi idéalisé qui rend intolérant à sa propre imperfection. Il importe de réduire cet écart en apprenant à objectiver la conscience des qualités (élever le soi perçu) et à rationaliser les exigences (baisser le soi idéalisé).

La patience fait rarement partie des qualités « naturelles » des surdoués. Ayant appris très tôt à réussir vite et sans effort, les notions de progression, d'étapes, de persévérance leur sont souvent étrangères. Ils ignorent quelques bases essentielles de la pédagogie et plus particulièrement l'humble politique des petits pas. Partisans des grandes enjambées sans échauffement, ils sont prompts aux claquages, écartelés par leurs impulsions ambitieuses. Mais leur constitution ne les y prédispose pas de prime abord.

> *Cécile*, 40 ans : « J'ai appris à conduire dans une petite voiture ; c'était facile. Mais mon permis de vivre, je l'ai passé bien avant au volant d'un bolide de Formule 1. Est-ce bien raisonnable de mettre à portée d'un bébé un moteur puissant et incontrôlable ? Mes moniteurs me reprochaient sans cesse de caler ou de mettre la voiture dans le fossé. Ce que j'ai pu froisser comme tôle ! Un simple coup d'accélérateur et je perdais le contrôle. Ils me donnaient des conseils sans avoir jamais conduit ce type de véhicule, convaincus même de l'illusion que j'étais au volant de leur petite bagnole. C'était frustrant, énervant. Toute petite déjà, ça m'a vite saoulée. »

Comment alors prendre confiance en soi ? Un pilote de course serait de bon conseil. Apprenons à connaître la mécanique *haut tôt* ! Les bébés Fangio ont besoin d'une conduite accompagnée sécurisante et encourageante. Découragés ou insécurisés, ils pourraient céder à la tentation de ne rien faire afin de n'être pas jugés.

La procrastination

Le perfectionnisme latent peut pousser à ne rien faire, ce qui évite la douloureuse comparaison entre l'attendu et le réalisé, entre l'idéalisé et le perçu. Une piètre estime de soi préjuge qu'il est vain d'essayer puisqu'on échouera. Une philosophe belge[27] disait : « *J'voudrais ben ouin ouin ouin. Mais j'peux point ouin ouin ouin.* » La procrastination consiste à remettre à plus tard ce qu'on pourrait faire maintenant. Tard, c'est parfois jamais. Il y a une première forme de procrastination, elle est le fruit d'un complexe d'infériorité. Le trac, la peur de l'échec incitent à repousser à plus tard l'acte dont on redoute la médiocrité.

Mais il y a une autre forme de procrastination, radicalement plus ludique. Foncièrement différente de la première, elle ne s'appuie pas sur une mésestime de soi. Au contraire, elle consiste à braver l'adversité en la stimulant. Il s'agit de repousser les limites dans un challenge dont on définit les contraintes. Comme si la tâche semblait trop simple, trop facile à réaliser

---

[27]. Relire les œuvres complètes d'Annie Cordy. Et plus particulièrement *La bonne du curé*, 1974.

dans un délai long, beaucoup de surdoués plus confiants en eux-mêmes se donnent un handicap et se lancent ainsi un défi motivant. S'y prendre à la dernière minute et travailler dans l'urgence, voilà une manière de donner de l'intensité, de l'excitation à la tâche. Il peut sembler étonnant que ce mécanisme soit peu ou pas conscient chez certains. Chez ceux qui découvrent tard leur surdouance, certains comportements s'éclairent et prennent un sens inédit et surprenant.

Sus aux limites !

Surdoués ou pas, les enfants ont tous un fondamental besoin d'être contenus, protégés par un cadre. Un bébé entouré de bons soins bénéficie de ce cadre propice à son épanouissement. Pourtant, l'expérience qu'il fait de ce cadre peut laisser « penser » au tout petit enfant que ses désirs ne sont pas assujettis à des limites car il lui suffit de crier pour obtenir ce dont il a besoin. Au début, cette dépendance comprise asservit naturellement son entourage à sa satisfaction. Puis peu à peu, la frustration et la nécessité d'autonomisation vont introduire plus clairement la notion de limite. Ainsi l'enfant se heurte à des obstacles à la réalisation de ses désirs. Il y a résistance. Ce qui résiste se manifeste par de la difficulté et donc de l'incompétence. Pour marcher, un enfant est confronté aux lois de l'apesanteur, à sa faiblesse musculaire, à une naturelle immaturité psychomotrice... D'innombrables limites s'imposent au petit d'homme.

Qu'elles soient physiques, sociales, psychologiques, morales, financières ou intellectuelles… elles posent le cadre du possible et de l'impossible.

Chez l'enfant précoce, beaucoup de limites sont plus facilement repoussées car ses aptitudes et ses progrès rapides l'encouragent à croire que tout est possible. La précoce maîtrise du langage donne notamment un pouvoir sur les choses et sur les gens. Arielle Adda[28] évoque « l'ivresse du verbe ». S'approprier l'univers par le langage laisse présager de l'horizon illimité de la pensée. Voici un terreau fertile sur lequel pourrait pousser le dangereux mirage de la toute-puissance.

L'illusion de la toute-puissance. En général, jusqu'aux abords de la préadolescence, les limites reculent avec aisance. Les limites d'hier n'existant plus aujourd'hui, on peut douter de la réalité des limites d'aujourd'hui. Et dans l'absolu, le doute peut porter sur la pertinence de la notion même de limite. Sans connaître la cause de la facilité avec laquelle un EIP repousse les limites du savoir et du pouvoir, l'enfant précoce s'installe dans une croyance peu ou pas démentie jusqu'alors et projette la continuité de son emprise sur l'univers qu'il semble parvenir à maîtriser toujours plus de jour en jour. Tel l'apprenti sorcier, l'enfant surdoué qui n'a pas encore connu l'échec jouit d'une grisante sensation de pouvoir et de maîtrise. Ce terreau fertile qui prédispose au piège de la toute-puissance, il est

---

28. *In L'enfant doué. L'intelligence réconciliée*, coécrit avec Hélène Catroux, Odile Jacob, 2003.

renforcé s'il n'y a pas de contre-pouvoir dans l'environnement proche de l'enfant surdoué. Ce contrepoids peut être incarné par des adultes intelligents, savants, confiants, aimants. Avec amour, sagesse et sans complexe, ces nécessaires pygmalions étayent l'enfant doué en valorisant ses aptitudes et en en délimitant les contours actuels. Mais ces repères solides ne sont pas présents dans toutes les familles. Reconnaissons que ces aptitudes éducatives ne sont pas à la portée de tous. Elles incluent de pouvoir parfois entrer dans un nécessaire, bienveillant et courageux conflit. L'autorité est une des limites sociales qui pose justement problème à la majorité des surdoués.

Un rapport difficile à l'autorité. L'absence d'un parent solide doit être compensée par le tutorat d'un tiers qui dispose de cette trop rare caractéristique[29]. Quand aucun parent, enseignant, voisin, psy… ne parvient à faire enfin figure d'autorité, c'est parfois la police qui va tenter de mettre un frein à la toute-puissance du jeune qui manque d'une structure psychosociale équilibrée.

> Will a 20 ans. Il a grandi dans un quartier pauvre de Boston. Pour assurer le quotidien, pendant quelques heures, il fait le ménage à l'université. Mais la plupart du temps, il traîne en ville. Lors d'une bagarre de rue, il frappe un policier. Récidiviste, il est arrêté et risque

---

29. En général, un tuteur de résilience est une personne physique, un adulte emblématique qui restaure l'estime de soi et sur qui on peut s'appuyer pour « rebondir » (voir aussi note 23).

> la prison. À la demande d'un professeur de mathématiques qui a repéré le jeune génie qui se sabote, le juge propose de donner une dernière chance à Will mais à condition qu'il accepte de voir régulièrement un psychologue. Il va de soi que l'idée lui déplaît au plus haut point. Il semble qu'il n'ait guère le choix.

Le personnage de Will Hunting est joué par Matt Damon dans le film dont il a lui-même écrit le scénario. À ce stade de l'histoire, on voit défiler devant le jeune homme quelques psychologues qu'il s'amuse à discréditer avec intelligence et brutalité. Jusqu'à la rencontre avec ce psy atypique joué par Robin Williams[30]. Si vous n'avez pas vu ce bras de fer psychologique et intellectuel, je vous recommande vivement de découvrir ce passage d'anthologie qui me semble assez fidèle aux rapports de force auxquels on est souvent confronté face aux surdoués à partir de l'adolescence, et parfois bien avant. Les surdoués se construisent souvent dans l'opposition. Ne perdons pas de vue qu'ils ont appris très tôt à exercer leur esprit critique. Toute faille logique dans le discours des adultes est perçue avec acuité. Tout jeunes, ils ont beaucoup attendu des grandes personnes, les harcelant de questions. Mais leur quête absolue de connaissance est fatalement condamnée à la déception. Les fréquentes dépressions des *adolescygnes* ne

---

30. Si la souffrance d'un surdoué le pousse à consulter, à entreprendre une thérapie, il me semble de la plus haute importance de s'assurer que le thérapeute connaît bien la problématique de la surdouance.

doivent pas être mises sur le simple compte de l'adolescence, dans ce fourre-tout pratique qui banalise la souffrance et justifie qu'on n'y cherche guère de cause. Il y a chez les jeunes surdoués une composante bien plus spécifique qu'on ne doit pas ignorer. Le renoncement à la toute-puissance doit être accompagné, compris. L'idéal serait qu'il soit annoncé, prévenu très tôt. Mais comment faire de la prévention quand on ignore qui est surdoué et ce que cela signifie vraiment ?

La vie avec un drôle de zèbre n'est pas un long fleuve tranquille. Ils imposent des combats. Il en est certains qu'il serait bon qu'ils perdent afin de ne pas se perdre. Dans le cabinet du psy, Will a perdu ce combat de coqs. Cette libératrice défaite a fait tomber des barrières qui l'empêchaient d'entrer en contact profond avec lui-même, avec ses angoisses et sa richesse. Je vous laisse voir la suite du film, le sien, le vôtre…

Pourtant, contrairement aux apparences, les zèbres ne sont pas fondamentalement hostiles à l'autorité. Ils le deviennent avec amertume à force de rechercher une autorité qui serait enfin légitime à leurs yeux. Mais leur niveau d'exigence est parfois tel que leur quête initiatique ne trouve jamais le maître dont ils rêvent pour tirer le meilleur d'eux-mêmes. Faute de rencontrer ces tuteurs de résilience, les surdoués en souffrance finissent parfois dans l'aigreur du refoulement.

Jouer avec le feu. Rechercher les limites est un jeu grisant et dangereux. Le surdoué est plus sujet que d'autres aux conduites à risque. Parfois pour fuir l'ennui, il se lance des défis motivants. Quand il réussit, il pousse le bouchon plus loin, à la mesure de sa démesure. Au-delà des limites connues, au menu de l'aventure il y a le danger qui est le condiment de base. On peut ainsi se lancer dans le sport extrême, les voyages en solitaire[31], la consommation de drogues, la délinquance, les aventures sectaires… En jouant avec sa peur, on peut aussi flirter avec la mort. C'est hélas un challenge qui peut séduire la quête d'absolu des extrémistes latents que sont les cygnes à la dérive dans la mare aux canards.

Mais le sabotage de l'intelligence est la plus fréquente automutilation. Elle évite de prendre d'autres risques, si ce n'est celui de ne rien faire de sa vie. Cette suradaptation est un déni de soi. Pour comprendre ce qui pousse certains surdoués à ce gâchis de soi, il faut voir ce qu'ils endurent à être différent.

Une vie sociale tiraillée entre suradaptation et rébellion

Très jeune, l'enfant précoce est différent, se sent différent et est perçu comme différent. Rien que l'écart entre son âge mental et son âge réel le distingue des autres et le pousse très tôt à rechercher la compagnie de personnes plus âgées que lui. Tout petit déjà, le

---

31. Voir *Into the wild*, superbe film réalisé par Sean Penn en 2007, tiré de l'histoire vraie de Christopher McCandless.

mécanisme identitaire est très complexe. De par son attirance pour des échanges possibles avec des plus grands, il participe donc du processus d'exclusion de sa classe d'âge. L'exclusion est double car les autres enfants ne trouvent pas forcément leur compte dans un échange avec ces enfants bizarres qui ne rient pas des mêmes choses, qui n'aiment pas les mêmes jeux et avec qui on ne se comprend pas très bien. Statistiquement, 98 % des enfants de son âge s'intéressent naturellement aux préoccupations de leur âge. Quoi de plus normal ? Voilà, le mot est lâché. Comment se socialiser quand on est hors norme, donc « pas normal » ?

L'être humain étant une espèce grégaire[32], l'intégration est un besoin fondamental pour chacun. L'isolement chronique est source d'insécurité et d'angoisse. Le sentiment d'appartenance est rassurant et facilite le processus d'identification et de socialisation. Pour obtenir cette assurance qui permet d'avancer dans la vie, nous apprenons à respecter des règles propres à chaque groupe. Pour cela, nous mettons en balance nos désirs, nos besoins avec ceux des autres. Si la norme sociale est très différente de ce qu'on est, alors l'effort d'adaptation est plus grand. On parle de suradaptation quand dans nos rapports sociaux, nous franchissons la frontière abstraite qui sépare le compromis de la compromission. Pour être accepté, reconnu par les autres, on peut ainsi basculer dans le déni de soi.

---

32. Les espèces grégaires vivent en groupe. La grégarité est la pression que le groupe exerce sur l'individu.

Les petites filles surdouées ont tendance à se *suradapter* davantage que leurs camarades masculins. Elles réussissent plutôt mieux à l'école, satisfaisant davantage les attentes de leur entourage. Cette contention de soi peut se payer cher à l'âge adulte, lorsqu'une goutte fait déborder le vase du sacrifice.

> **Lise**, 54 ans : « J'ai l'impression d'avoir été une petite fille modèle jusqu'à l'âge de 41 ans et demi. Un jour, j'ai pété les plombs. Quand un homme m'a fait comprendre que je n'étais que l'ombre de moi-même, j'ai rejeté violemment mon mari et mes parents qui incarnaient ma soumission. Avec le recul, je trouve ma réaction excessive mais je ne vois pas ce que j'aurais pu faire d'autre à l'époque dans l'état où j'étais. Vieux motard que j'aimais ! Il m'a ouvert les yeux et on est partis sur sa Harley. Non rien de rien, non je ne regrette rien. »

La rébellion peut venir tôt, tard ou pas du tout. Statistiquement, chez les garçons, elle vient plus précocement. Dans la difficulté d'adaptation, le garçon surdoué peut réclamer à sa manière que l'environnement s'adapte à lui. Il devient hostile au système qui nie sa différence. En rejetant l'injustice du système scolaire et/ou sociétal, il entre en conflit avec tous ceux qui le défendent. Seul contre tous ?...

Un profond sentiment de solitude. Entre suradaptation et révolte, il y a un espace à conquérir pour avoir une vie sociale équilibrée. Il appartient à chacun de rechercher de nécessaires arrangements dans le respect de soi et des autres. Négocier au quotidien sur nos intérêts et ceux d'autrui n'est déjà pas à la base, chose facile. Ce ressort est tendu tout au long de nos vies. Pour les personnes hors norme, cette tension est plus forte encore. Quelle que soit la nature des différences (surdouance, déficience mentale, handicap physique, couleur de peau, taille, poids, idéologie…), la non-conformité, avant d'être, un jour peut-être, vécue comme une richesse, une complémentarité, est en général ressentie comme un handicap social qui tend à marginaliser, à exclure.

La vie sociale des surdoués est souvent parsemée de heurts, de tâtonnements maladroits ou chaotiques. Beaucoup moins en apparence pour ceux qui se suradaptent en bridant leur singularité. Ceux-là trouvent un certain confort à moyen terme, une relative paix sociale qui masque un renoncement (provisoire, au mieux) à être soi-même. Sous le poids du nombre, sous la pression grégaire, l'ajustement s'opère dans un rapport de force où naturellement, les minorités se soumettent aux dominants. La pression normative pousse l'environnement éducatif à attendre des surdoués dès l'enfance qu'ils aient un comportement dans la norme de leur âge. La *dyssynchronie sociale* qu'évoque Jean-Charles Terrassier, se traduit par des difficultés d'insertion familiale et scolaire, dans un premier temps. Les EIP sont en décalage avec le programme scolaire qui leur est imposé. La responsabilité de cette inadaptation a longtemps reposé sur les épaules des enfants qu'on jugeait inhibés, asociaux, rêveurs, voire exigeants, agressifs, arrogants, bref…

insupportables ! Les ingrédients étaient réunis pour la parfaite recette de l'exclusion. Cet injuste rejet est en voie de réparation. Les institutions scolaires prennent enfin une part de responsabilité. Mais le chemin est long.

Dans un environnement apparemment hostile, et pour le moins ignorant de la spécificité des surdoués, pour le zèbre (enfant ou adulte), entrer en résistance, c'est prendre le risque de la solitude. Elle est rarement bien vécue[33]. Elle a plutôt le goût amer du rejet, de la non-reconnaissance. Intégration et reconnaissance sont pourtant des besoins auxquels n'échappent pas les vilains petits canards.

Ce qui isole considérablement les surdoués, c'est aussi la cruelle lucidité qu'ils possèdent souvent et qui est foncièrement dérangeante. Pour les moins complexés, l'angoissante intuition d'avoir raison contre tous les marginalise encore plus. Comment alors échapper à quelques bouffées paranoïdes ? *Et pourtant, elle tourne…*

Le ressenti d'inadaptation est renforcé par le mystère qui l'entoure. La méconnaissance de soi est grandement en cause dans cette angoissante marginalité. Le sentiment de culpabilité devient envahissant quand on en vient à la conviction qu'on n'est pas « comme il faut ». Voilà encore et encore pourquoi il est si important de savoir si oui ou non on sort vraiment d'un cul de cane. La connaissance et la

---

33. Pour tirer le meilleur parti de la solitude, lire *La positive solitude* Hervé Magnin, Jouvence, 2010.

compréhension de l'identité cygne permettent de donner du sens à la marginalité. Lorsque l'intelligence se met au service de cette auto-reconnaissance, elle peut alors se mettre aussi au service d'une socialisation respectueuse de soi et d'un environnement différent de soi. Être cygne n'est ni mieux ni moins bien qu'être canard. C'est différent. Cette différence doit être connue, reconnue et comprise. Le déni, l'ignorance sont sources de graves erreurs d'interprétation dont souffrent les surdoués et leur entourage.

L'entourage des APIE est souvent trié sur le volet. Avec pas ou peu d'amis, les surdoués font leur l'adage qui prétend qu'il vaut mieux être seul que mal accompagné. À part dans le cadre de la suradaptation, la vie amicale et affective répond presque exclusivement à des critères qualitatifs. La quantité est très secondaire. Cette rareté met en tension, sous pression ces rares relations car perdre un ami c'est presque tout perdre, surtout si on n'en a qu'un. Quand l'ampoule met son unique œuf dans le « m'aime panier », elle en prend soin et craint de le perdre. Hors de question de casser l'œuf, ne serait-ce que pour faire une omelette ! Quant aux œufs brouillés, ce mets est aussi redouté qu'une embrouille entre amis. *La solitude est un plat qui se mange seul*[34]. Quant aux ampoules fêlées, je renvoie à Michel Audiard : « *Bienheureux les fêlés ! Car ils laissent passer la lumière.* »

---

34. Citation de Achille Chavée, *Décoction*, 1964, La Louvière, Daily-Bul.

Fort heureusement, certains surdoués parviennent à se sentir bien entourés. Mais la solitude peut s'insinuer au sein même d'une vie sociale très riche.

La pire des solitudes est la solitude intérieure[35]. Dans un groupe, des gens s'amusent. Le zèbre est là, présent et absent en même temps. Il mesure ses efforts pour contribuer à la fête. Il y met parfois beaucoup de bonne volonté mais la fatigue le gagne avant que cette mise en scène tourne à la mascarade. Il ne se sent pas à sa place. E.T. veut téléphoner maison.

Respirer entre pairs. Avec un flair presque animal, les zèbres sentent les zèbres. Parfois une rencontre éclaire l'horizon désespérant de la savane humaine. Sans penchant élitiste, chacun a simplement besoin de partager de temps en temps avec *les siens*. La rencontre de gens différents est certes source d'ouverture et d'enrichissement mais passer le plus clair de son temps en terre étrangère est épuisant. Si vous n'avez jamais fait l'expérience de vivre quelques mois dans un pays où on ne parle pas votre langue, vous n'imaginez peut-être pas à quel point c'est reposant, sécurisant, épanouissant de pouvoir enfin parler sa langue, comprendre et être compris sans effort. Partager enfin avec fluidité est un plaisir rare pour les zèbres. La courbe de Gauss le confirme ; sur 100 rencontres, un surdoué n'a que deux occasions pour se découvrir une affinité identitaire.

---

35. *In Trop intelligent pour être heureux ? L'adulte surdoué.* Jeanne Siaud-Facchin, Odile Jacob, 2008.

On comprend alors qu'il soit précieux de pouvoir compter parmi son entourage un ou plusieurs zèbres avec qui on peut partager de temps en temps. C'est pour répondre à ce besoin que des associations proposent de réunir des surdoués. Dans l'ignorance de ces groupes, certains craignent d'y trouver des caricatures communautaristes ou élitistes. Ces dérives sont rarement présentes. Je vous recommande de ne pas me croire sur parole. Ni moi, ni ceux qui tiennent des propos contraires aux miens. Pourquoi ne pas faire preuve de curiosité plutôt que de s'attacher à des *a priori*, les vôtres ou ceux des autres ?

Afin de répondre aux problématiques d'intégration des enfants précoces, il est parfois envisagé un saut de classe et, dans certains cas, une orientation vers une classe ou un établissement spécialisé. Ces classes sont extrêmement rares. Elles permettent cependant à certains élèves de rompre avec une insupportable souffrance liée à l'inadaptation réciproque entre un enfant et un système scolaire. Quant au saut de classe, il est souvent recommandé pour les enfants qui stagnent et s'ennuient. Il y a aussi des enseignants qui savent adapter leur pédagogie à la diversité de leur classe et qui parviennent à faire cohabiter harmonieusement des enfants surdoués et des enfants qui ne le sont pas. Quelques rares initiatives sont prises par l'institution pour aider les professeurs à mieux connaître les spécificités de la surdouance. Mais à ce jour, la connaissance du sujet par le corps enseignant est encore assez médiocre. En progrès, peut mieux faire…

Le déni de la surdouance

Bien que non exhaustive, la liste de caractéristiques décrites précédemment est là pour donner des repères et tester un éventuel cumul de ces particularités chez soi ou chez un proche. Je propose de la considérer comme un pré-diagnostic intuitif. Je doute qu'une personne surdouée réunisse la totalité de celles nommées précédemment. Mais tous les surdoués se reconnaissent un nombre conséquent d'entre elles.

Malgré cette relative communauté de signes, la population zébrée est très hétérogène[36]. Pour avoir d'autres repères, certains auteurs (Jeanne Siaud-Facchin et Stéphanie Bénard par exemple) se sont lancés dans la délicate tâche qui consiste à définir quelques profils type. Le format de ce livre ne permet pas d'évoquer dans le détail ces intéressantes tentatives de typologie. Elles tiennent principalement compte des modalités d'adaptation aux limites fixées par l'environnement. Ces stéréotypes de surdoués manifestent des tendances et des modalités d'adaptation au cadre. Mais comment prendre sa place quand on ignore qui on est ? Or, malgré le cumul objectif de signes, certains cygnes sont encore vilainement canardés par le déni.

Les principaux acteurs du déni sont les surdoués eux-mêmes. Mais il est fréquent aussi que la surdouance de quelqu'un dérange les autres. Pas moins soumis à la pression grégaire, aux injonctions

---

[36]. *Être adulte à haut potentiel. Paroles et témoignages*, Tikinagan, 2008.

normatives, les parents ne sont pas forcément mieux préparés à reconnaître et à assumer la différence de leur enfant. Pour pouvoir aider les parents à aider les enfants à s'émanciper du conformisme qui les pousse à être ce qu'ils ne sont pas, il faudrait leur apporter un savoir susceptible de dédramatiser le constat d'une surdouance. Certains parents sont paniqués à l'idée d'apprendre que leur enfant a cette différence-là dont ils ignorent presque tout, à part quelques clichés qui les effraient. Ajoutons que statistiquement, dans une famille qui comporte un enfant surdoué, il y a une forte probabilité pour qu'au moins un des deux parents soit lui-même surdoué. Si ce parent ignore, refoule sa propre surdouance, alors le déni de sa propre différence peut inclure le déni de celle de son enfant, car elle est le miroir de la sienne. Si vous n'avez pas bien compris cette phrase, je vous suggère de la relire car elle vous concerne probablement.

Comme d'autres l'ont fait avant moi, je fais en sorte que votre lecture contribue à « détabouiser » le sujet. Puisque c'est l'inconnu qui fait peur, voici quelques connaissances qui, je l'espère, permettront d'avoir assez de repères sécurisants pour faire taire ce pernicieux silence en mettant des mots là où a régné trop longtemps l'omerta. Il importe de vaincre ce tabou pour aller explorer plus loin vers ce bel inconnu qu'est le potentiel insoupçonné de la personne surdouée.

Il se peut qu'en lisant les paragraphes précédents, vous ayez mentalement ou concrètement surligné en jaune de nombreuses caractéristiques dans lesquelles vous vous reconnaissez. Bien qu'ayant jauni en grande partie les pages de ce livre, il est cependant possible que vous le refermiez avec un vague doute que vous oublierez demain. Les chemins de la conscience sont souvent étranges et obscurs. Il y a vraisemblablement un moment propice à certaines rencontres avec soi-même. Pour vous, c'est peut-être aujourd'hui, peut-être pas. Pourtant, vous avez acheté ce livre ou bien quelqu'un vous l'a offert. Mais le fait est que vous le lisez ici et maintenant et que vous êtes déjà presque arrivé au bout sans décrocher. Qu'allez-vous en faire ?

Pour ma part, j'ai mis 45 ans avant de reconnaître cette partie si structurante de ma personnalité. Subjectivement, je trouve que c'est long. Pour illustrer l'ambivalence qu'entretiennent les adultes non diagnostiqués, j'ose vous dire que j'ai personnellement fait un test de QI à l'âge de 33 ans. Le test de Mensa[37] ne permet que de savoir si oui ou non on se situe dans ces fameux 2 % de la population qui ont un QI supérieur à 132. En l'occurrence, j'ai ignoré à cette époque ce détail *QIesque*. Ce test, je l'ai considéré comme ludique et stimulant. Ma motivation consciente ne semblait être que l'expression d'une simple curiosité. Puis j'ai tourné cette page du livre de ma vie sans en intégrer la profonde signification. Cette réussite a flatté mon ego et je me suis

---

37. Mensa est un club international fondé à Oxford en 1946 et regroupant aujourd'hui environ 110 000 membres dans une centaine de pays à travers la planète. Cette association est ouverte à toute personne à fort potentiel intellectuel (les 2 % de la courbe de Gauss). Site des Mensa francophones : http://mensa.free.fr/

considéré comme un petit canard moins vilain. Il ne m'est donc jamais venu à l'esprit que j'étais un cygne. Douze ans plus tard, une amie m'a conseillé un livre qui l'avait bouleversée. Je l'ai lu et en ai été également bouleversé. Le moment était venu pour moi de me reconnaître surdoué. Pour cela, j'avais dû passer par la découverte de ce que cela signifie. Le livre de Jeanne Siaud-Facchin a joué pour moi ce rôle de révélateur. 45 ans, c'est subjectivement long. Quelle est la bonne longueur de votre ignorance de vous-même ? À vous de juger…

La reconnaissance n'est qu'une étape dans le processus d'épanouissement. Reconnaître un potentiel est nécessaire et insuffisant pour en tirer parti et faire la démonstration qu'on n'est pas trop intelligent pour être heureux.

2. Comment faire un usage intelligent de l'intelligence ?

Dans l'introduction de ce livre, j'ai précisé que je serais hélas assez court pour présenter la partie « solutions » aux problèmes que rencontrent les surdoués. J'ai déjà glissé dans les pages précédentes quelques pistes pour mieux vivre sa surdouance. Je rappelle que la principale est identitaire. Ignorer sa propre *zébritude* est la cause majeure d'inaptitude à vivre sereinement une vie de zèbre. Dans la bibliographie, vous trouverez de salutaires compléments à ce petit livre modestement orienté diagnostic.

Je tiens pourtant à apporter une clé, une seule[38], qui fait fi de la modestie car elle est d'une grande puissance malgré sa simplicité apparente. Je l'emprunte aux neurosciences. Ce n'est pas facile de définir ce qu'est l'intelligence. Beaucoup s'y sont essayé. Dire que l'intelligence est ce qui permet d'entendre une

---

38. Il en existe bien d'autres. Je recommande particulièrement les travaux d'Hélène Catroux et son savant mélange La Garanderie / PNL. Les associations sont aussi une mine à explorer. Liste en fin d'ouvrage.

musique là où d'autres n'entendent qu'un bruit[39], revient aussi à dire que c'est faire preuve d'intelligence que de percevoir un beau cygne en devenir par-delà l'apparence d'un oisillon prétendument moche.

De façon moins poétique, on peut considérer l'intelligence (de façon un peu réductrice certes) comme une ressource cognitive. Mais pour que science ne soit pas que ruine de l'âme, il faut y introduire de la conscience[40], une autre forme d'intelligence. Or, la conscience est un territoire abstrait convoité par deux structures cérébrales fort différentes dans leurs fonctions.

Le cerveau automatique

Avant et après les travaux de Paul D. MacLean[41], les mystères du cerveau n'ont cessé de céder du terrain. Nous voilà moins ignorants de la structure et des différentes fonctions de notre *boîte noire*.

---

39. On doit cette définition de l'intelligence à Jean-Charles Terrassier, un des pionniers de la recherche dans le domaine de la surdouance. Fondateur de l'ANPEIP en 1971, il est l'auteur de *Les Enfants surdoués ou la Précocité embarrassante*, ESF, 1981.

40. Emprunt à Rabelais.

41. Médecin et neurobiologiste américain, il est l'auteur, dans les années 1950, de la théorie dite du cerveau triunique. *Les trois cerveaux de l'homme*, de Paul D. MacLean et Roland Guyot, Robert Laffont, 1990.

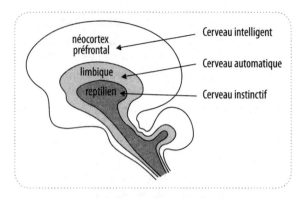

Le cerveau limbique pourrait « se contenter » de faire ce qu'il sait si bien faire : gérer les situations simples et connues. Depuis la naissance (même avant, dans le ventre de maman), il stocke des souvenirs qu'il classe en deux catégories : les événements agréables et les désagréables. Ce cerveau est programmant, dans le sens où il conditionne nos croyances (habitudes cognitives) et nos actes (habitudes comportementales). Par mimétisme et par le truchement du couple punition/récompense, l'enfant apprend très tôt, en fonction des influences de l'environnement éducatif, ce qui est bien et ce qui est mal. Au cours de la vie, quand un événement survient, le cerveau limbique fouille illico (en une fraction de seconde) dans le stock des expériences vécues si ce qui est présent correspond à un passé connu. Si oui, alors la réponse est déjà associée au stimulus. *Y a qu'à* dérouler le programme ! Le réflexe conditionné a ce mérite d'être plutôt économe de moyens. Cela fonctionne très bien par exemple pour embrayer, passer une vitesse et débrayer. Une fois acquis ce comportement répétitif, on n'a même plus besoin d'y penser. Tant mieux ! Mais la vie est truffée de situations beaucoup plus complexes et inédites pour un être humain.

> **BONNE NOUVELLE !** Nous avons tous à notre disposition un autre cerveau très approprié pour faire face aux situations inconnues et complexes.

Le cerveau intelligent

On dit du néocortex préfrontal qu'il est néo-associatif. Cela signifie qu'il est capable de dissocier les différents éléments du réel, d'en capter la structure complexe, de traiter les informations séparément et de façon combinée. Il peut donc réassocier différemment les données présentes et passées. Les souvenirs conscients et inconscients des expériences anciennes peuvent se mêler à ce qui se passe maintenant. Selon toute vraisemblance, tout pourrait aller pour le mieux dans le meilleur des mondes si et seulement si chacun restait à sa place. Le limbique s'occupe des choses simples et connues et le néocortex se charge du reste. Mais…

> **MAUVAISE NOUVELLE !** Nous avons tous à notre disposition ce cerveau intelligent mais nous ne nous en servons pas souvent. Nous n'en faisons même jamais usage quand nous sommes stressés.

Le stress et l'arbitrage reptilien

« Je pense que l'avenir de l'espèce humaine tient dans la découverte de nouveaux rapports humains entre les individus quand on leur aura expliqué, quand on leur aura fait comprendre comment leur cerveau fonctionne[42]. »

Dans le fourre-tout du stress, considérons toutes formes de mal-être. Dans ce choix linguistique, j'inclus toutes les formes de souffrance des surdoués. Henri Laborit a décrit les états reptiliens dits *d'urgence de l'instinct*. Ces états recouvrent les trois grandes familles d'émotions « négatives » : la peur (Fuite), la colère (Lutte), la tristesse (Inhibition). Si on est attentif aux interactions pensée/émotion, on constate que dans ces états, il y a toujours dans nos pensées une prédominance du cerveau limbique alors que la situation requiert l'usage du néocortex. Autrement dit, quand nous sommes stressés, nous ne pensons pas de façon intelligente car nous n'avons tout simplement pas accès à notre intelligence. Nous sommes en pilotage automatique, manipulés de l'intérieur par notre robot biologique. Aussi étonnant que cela puisse paraître, il semble bien que le cerveau le plus archaïque (selon la théorie de l'évolution des espèces) arbitre la rivalité entre les deux cerveaux supérieurs. Au même titre que dans une situation de danger physique imminent, le cerveau reptilien décode aussi un

---

42. Citation de Henri Laborit, neurobiologiste français, spécialiste des comportements humain et animal. Voir l'excellent film d'Alain Resnais *Mon oncle d'Amérique*, 1980. Ou lire *La légende des comportements*, Flammarion, 1994 ; *La nouvelle grille*, Robert Laffont, 1974.

danger (plus abstrait) d'inadaptation au réel, quand le limbique « veut prendre les commandes » dans une situation qui réclame un traitement néocortical. La « concurrence » porte sur l'accès à la conscience. Ce combat est sanctionné par des vécus de mal-être ou de bien-être.

Jugez plutôt ! Voici les caractéristiques de deux modes mentaux.

Mode automatique (limbique)	Mode intelligent (néocortical)
Rigide	Souple
Irrationnel	Logique
Grégaire	Individué
Insécure	Curieux
Binaire	Nuancé
Certain	Relatif

Comment vous sentez-vous quand vos pensées sont rigides, illogiques, simplistes, évidentes, quand la nouveauté vous dérange, quand vous êtes préoccupé(e) par le regard des autres ? Inversement, quand vous êtes stressé(e), avez-vous eu la curiosité de sonder la qualité de vos pensées ? C'est souvent plus facile à observer chez les autres. Quelqu'un vient vous voir, il est énervé, anxieux ou déprimé. Écoutez bien ce qu'il vous dit car ses paroles sont le reflet de ses pensées limbiques. Si vous êtes attentif, vous constaterez qu'elles ont les caractéristiques de ce mode mental. À chaque instant de nos vies, notre sensation de bien-être dépend de la justesse du mode mental qui s'impose à la conscience. À chaque instant où on ne se sent pas bien, le limbique s'impose. Il le fait d'autant plus facilement que le temps de connexion de ses neurones est dix fois plus rapide que celui des neurones néocorticaux. Il y a donc une explication neurobiologique au fait que la précipitation n'est pas source de quiétude. Prendre le temps de réfléchir, c'est prendre du recul sur les événements. Avec du recul, nous savons que ce recul est apaisant. Mais dans l'adversité, nous l'oublions trop souvent.

Ralentir le flux des pensées n'est pas chose facile pour tout un chacun. Pour les surdoués, c'est plus difficile encore. Cet apprentissage est nécessaire. Il est un axe majeur d'apaisement sur tous les sujets qui semblent nous polluer la vie. En fait, la principale pollution vient de la façon dont nous pensons, du regard que nous portons sur les événements. *« Ce ne sont pas tant les choses qui nous font souffrir que l'idée que nous en avons[43]. »*

Il nous appartient de nous appartenir. Or, un grand nombre de nos pensées sont le fruit d'un apprentissage conditionné. Comment croire raisonnablement qu'elles sont nôtres puisqu'elles nous ont été (avec bienveillance, certes, le plus souvent) imposées par notre entourage à une époque où nous n'avions pas ou peu d'esprit critique ? Je précise que les cerveaux

---

43. Citation d'Epictète, philosophe stoïcien, il y a environ 2 000 ans. Précurseur du cognitivisme ?... À rapprocher de cette autre citation de Albert Ellis, l'un des fondateurs des TCC (thérapies cognitives et comportementales) : « Un névrosé, c'est une personne intelligente qui pense une chose stupide. »

reptilien et limbique sont totalement matures à la naissance, alors que le néocortex est anatomiquement et fonctionnellement en cours de maturation jusqu'à l'âge de 20 ans environ. *Que vais-je faire de ce qu'on a fait de moi*[44] *?* questionne Sartre dans sa philosophie de la liberté. Pas moins que les autres, les surdoués ont cette noble tâche de devenir ce qu'ils sont. Pour cela, il leur appartient de faire le tri entre les pensées qui sont leurs et celles qui ne sont pas le fruit de leur intelligence. La Gestion des Modes Mentaux[45] est un outil analytique précieux pour acquérir une autonomie de pensée et la paix intérieure que cette appropriation de soi procure.

Dans le même registre, il y a une approche moins analytique, plus sensorielle, qui permet de s'émanciper des pensées limbiques génératrices de stress. Elle nécessite une grande qualité d'écoute corporelle car chaque symptôme de stress est un indicateur qu'il y a une erreur dans notre manière de penser. Par tâtonnement, on peut suivre le double fil des pensées et des émotions, sentir l'interaction des deux et « adhérer » aux pensées qui nous apaisent. Cette notion d'adhésion est importante.

Quand je suis stressé, en adhérant à ma pensée, je la considère mienne et je fais ainsi corps avec une pensée limbique. Cette absence de distanciation est sanctionnée par la persistance du vécu désagréable.

---

44. *L'Être et le néant*, 1943.

45. La GMM a été élaborée par le Dr Jacques Fradin, directeur de l'Institut de Médecine Environnementale. On peut lire entre autres *L'intelligence du stress*, Jacques Fradin, Maarten Aalberse, Lorand Gaspar, Camille Lefrançois, Frédéric Le Moullec, Eyrolles, 2008.

Ceux qui en ont fait l'expérience constatent que rien que cette conscience apaise :

« Je suis stressé(e) donc ma pensée n'est pas le fruit de mon intelligence. Je ne sais pas encore ce que JE pense vraiment, mais sûrement pas ce que mon cerveau limbique m'amène à penser ici et maintenant, dans cette pénible émotion. »

Cette dissociation, cette distanciation est partiellement apaisante. Elle permet de mobiliser de l'énergie, de l'attention pour orienter la conscience vers la recherche d'une pensée plus intelligente. C'est cette congruence, cette justesse *cognitivo-émotionnelle* qui apporte un vrai calme. Cette quiétude est rare. Le surdoué pourrait ainsi faire la paix avec son intelligence en la mettant aux commandes de sa vie. *L'intelligence réconciliée* est le pertinent sous-titre du livre *L'enfant doué*, déjà cité.

3. De l'enfant précoce à l'adulte épanoui

S'épanouir n'est facile pour personne. L'épanouissement des personnes hors normes est plus difficile encore. Les surdoués épanouis ont un parcours sinueux, délicieusement atypique, plein d'originalité. Pour pouvoir harmonieusement suivre sa propre voie, il y a une étape qui se confond avec la globalité du chemin. Socrate la formulait ainsi : « *Connais-toi toi-même et tu connaîtras l'univers et les dieux.* » Pour les surdoués, la connaissance de soi passe en partie par la reconnaissance de sa surdouance. Jeanne Siaud-Facchin dit que « *l'enfant surdoué est un enfant atypique qui deviendra un adulte singulier* ». Elle ajoute : « *Savoir qui on est est un préalable incontournable pour comprendre ce que l'on devient.* »

Pour des raisons évidentes, nous ignorons combien de surdoués ignorent leur surdouance. Intuitivement, je pense que la plupart des surdoués ne savent pas qu'ils le sont. Cette inconscience est dans une large mesure le reflet d'un rapport ambigu que la société entretient avec cette marginalité réduite à une supériorité intellectuelle. À ce jour, peu de gens connaissent la réalité complexe des surdoués. J'écris ce livre pour tordre le cou aux clichés toxiques qui empêchent les zèbres de se sentir zèbres et de vivre en paix dans les savanes rurales et urbaines avec les non-zèbres. Je me réjouis d'avance qu'une seule personne se reconnaisse dans cette imparfaite description et que cette révélation augure une ère de pacification avec elle-même. Mais en publiant, mon ambition est plus grande. J'ai très à cœur de contribuer à une reconnaissance massive des cygnes et des canards, dans le respect de la biodiversité.

Une humanité à haut potentiel

Pour un développement durable de soi et du monde, il importe que l'intelligence soit aux commandes de soi et du monde. Je fais mienne une fois encore cette maxime rabelaisienne : l'intelligence de la science sans l'intelligence de la conscience est inintelligemment destructrice. Imaginez au pouvoir de l'ONU, des États, des entreprises, de toute structure humaine… des intelligences multiples, celle de la tête qu'on peut appeler sagesse, celle du corps qu'on peut appeler courage, celle du cœur qu'on peut appeler amour.

Dans ce livre, je n'ai pas voulu faire l'éloge des surdoués. Je ne veux pas laisser entendre que nous sommes plus intelligents que les autres. Nous sommes bourrés de défauts et pétris de qualités. Les zèbres sont simplement différemment intelligents. Puissent ces quelques chapitres aider les êtres humains à mieux se comprendre, donc mieux se respecter ! Je souhaite que cette connaissance se mette autant au service des surdoués que des non-surdoués. L'adaptation des uns aux autres doit impérativement être mutuelle.

Mais d'importants rapports de force contraignent les minoritaires à s'adapter aux normes de la majorité. Cette adaptation est partiellement légitime. Mais elle doit être réciproque. Quel gâchis pour une société de ne pas être à l'écoute de ses minorités !

Les cygnes ont des choses à dire. Écoutons-les ! Leur perception du monde est précieuse, pleine de subtilités. En ces temps de crise profonde, leur prégnante empathie les rend poreux, réceptifs à la misère de la Terre. Telles les truites qui pompent la pollution des rivières et en meurent bien avant tout signe d'alerte[46], les hypersensibles sont des sentinelles avant-gardistes qu'il faut impérativement écouter pour prévenir les catastrophes et les empêcher.

> En refusant son amour à Apollon, Cassandre fut condamnée par le dieu éconduit à toujours prophétiser la vérité sans être crue. Plus Cassandre voit les réalités du monde avec lucidité, moins on apporte de crédit aux redoutables événements qu'elle prédit.

Pour certains, cette épuisante tendance altruiste et universaliste finit par s'effacer au profit d'une urgence égocentrique. Afin de ne pas avoir à faire un choix binaire et réducteur, les Cassandre doivent apprivoiser leur intelligence. Et pourquoi pas un bon cours de com et de marketing pour toucher le grand public et lui parler un langage qu'il comprend ? Je me suis personnellement engagé dans cette voie.

---

[46]. Source INRA-AGROCAMPUS de Rennes – Unité mixte d'écobiologie et qualité des hydrosystèmes continentaux.

Je m'adapte en espérant ne pas me *suradapter*. Je me suis demandé, avant d'écrire, si un livre simple pourrait intéresser un surdoué. Peut-être, ai-je alors pensé, s'il est simple sans être simpliste, s'il est complexe sans être compliqué. À vous de juger…

« Surdoué, toi ?! » Puisqu'il semble que ce ne soit finalement pas une insulte, tu peux maintenant te poser la question presque sereinement. Mais peut-être y as-tu déjà répondu. Pour certains, comme cela le fut pour moi, la découverte de la surdouance est le début d'une aventure passionnante. Paisible, rassurante ou bouleversante, cette porte qui s'ouvre sur soi, il faut la franchir avec courage[47]. Cela ne résout pas tous les problèmes que de faire la paix avec son haut potentiel. Quitte à flirter avec le hors-sujet, le fond de ma pensée est que nous avons tous un très haut potentiel. Que tu sois surdoué(e) ou pas, la question maintenant est de savoir ce que tu vas faire de ce que tu connais de toi. Pour ma part, j'ai décidé d'en faire un livre. Et toi, que vas-tu en faire ? Quels sont tes talents latents, refoulés ou manifestes ? Je te souhaite de les découvrir et d'en tirer le plus grand parti.

---

[47]. Quelques repères dans *Surmonter ses peurs. Enfin libre*, Hervé Magnin Jouvence, 2008.

Pour aller plus loin

Associations
– AFEP. **www.afep.asso.fr**
– ANPEIP. **www.anpeip.org**
– ASEP. **www.asep-info.ch**
– MENSA. **www.mensa.fr**

Films
– *Le hérisson* de Mona Achache, 2009.
– *Vitus, enfant prodige* de Fredi M. Murer, 2006.
– *À la rencontre de Forester* de Gus Van Sant, 2001.
– *Un homme d'exception* de Ron Howard, 2001.
– *Will Hunting* de Gus Van Sant, 1997.
– *Forrest Gump* de Robert Zemeckis, 1994.
– *Le petit homme* de Jodie Foster, 1992.
– *Rain Man* de Barry Levinson, 1988.
– *Mon oncle d'Amérique* d'Alain Resnais, 1980.

Livres
– Arielle Adda et Hélène Catroux, *L'enfant doué*, Odile Jacob, 2003.
– Arielle Adda, *Le livre de l'enfant doué*, Solar, 1999.
– Muriel Barbery, *L'élégance du hérisson*, Gallimard, 2006.
– Stéphanie Bénard, *Être adulte à haut potentiel*, Tikinagan, 2008.
– Rémy Chauvin, *Les surdoués*, Stock, 1996.
– Boris Cyrulnik, *Les vilains petits canards*, Odile Jacob, 2001.
– Ronald D. Davis, Eldon M. Brown, *Le don de dyslexie*, La Méridienne/Desclée de Brouwer, 1995.

- Jacques Fradin, *L'intelligence du stress*, avec Maarten Aalberse, Lorand Gaspar, Camille Lefrançois, Frédéric Le Moullec, Eyrolles, 2008.
- Henri Laborit, *La légende des comportements*, Flammarion, 1994.
- Henri Laborit, *La nouvelle grille*, Robert Laffont, 1974.
- Antoine de La Garanderie, *Pour une pédagogie de l'intelligence*, Bayard-Centurion, 1990.
- Jean-François Laurent, *Be APIE*, Hommes in Idées, 2009.
- Paul D. MacLean et Roland Guyot, *Les trois cerveaux de l'homme*, Robert Laffont, 1990.
- Hervé Magnin, *Surmonter ses peurs. Enfin libre !* Jouvence, 2008.
- Hervé Magnin, *Susceptible et bien dans ma peau*, Jouvence, 2008.
- Hervé Magnin, *C'est décidé, je m'aime. Le pourquoi et le comment de l'estime de soi*, Jouvence, 2009.
- Erik Orsenna, *Dernières nouvelles des oiseaux*, Le Livre de Poche, 2007.
- Martin Page, *Comment je suis devenu stupide*, J'ai lu, 2003.
- Daniel Pennac, *Chagrins d'école*, 2009.
- Olivier Revol, *Même pas grave ! L'échec scolaire, ça se soigne*, J'ai Lu, 2007.
- Jeanne Siaud-Facchin, *Trop intelligent pour être heureux ? L'adulte surdoué*, Odile Jacob, 2008.
- Jean-Charles Terrassier, *Les enfants surdoués ou la précocité embarrassante*, ESF, 1981.

Clin d'œil aimant et remerciements à :
Pascale, Roselyne, Bruno, Anne, Alex, Aymeric, Thomas, Ingrid, Christophe, Charlotte, Camille, Tine, Louca, Aline, Estelle, Isabelle, Chris, Carla, Antoine, Vincent, Flo, Bruno, Emma, Noé, Arthur, Fabienne, Corentin, Armand, Matthieu. Merci à tous les Mensans qui m'ont apporté leur témoignage, et plus particulièrement à Arielle Adda pour son éclairage d'experte.

Du même auteur, aux Éditions Jouvence

Susceptible
et bien dans ma peau

Les personnes susceptibles sont des individus sensibles. Un rien leur transperce la couenne. En revenant sur les mécanismes subtils de la susceptibilité, l'auteur propose des solutions de fond pour agir sur les causes profondes et expérimenter des réactions plus adaptées, plus sereines…

192 pages
Prix : 9,70 €

C'est décidé, je m'aime !

L'amour de soi, cela ne va pas toujours de soi ! Autodévalorisation, timidité, complexes, manque d'audace ou d'ambition, susceptibilité, soumission… il y a tant de façon de mal s'aimer ! Avec ce livre, vous allez enfin accroître votre estime de vous-même et devenir votre meilleur(e) ami(e) !

160 pages
Prix : 9,70 €

Surmonter ses peurs

Nos peurs nous font bien
souvent peur, parfois honte.
Elles se nourrissent de
notre ignorance. Prendre
connaissance des mécanismes
qui les régissent est une bonne
manière de s'en libérer…
pour vivre plus intensément,
plus pleinement. Vous en serez
convaincu(e) après la lecture
de cet ouvrage salutaire.

160 pages
Prix : 9,70 €

Achevé d'imprimer par **CPI** (Barcelone)
en mai 2017

Imprimé en Espagne

Dépôt légal : Septembre 2010

Ce livre est imprimé par CPI qui assure une stricte application des règles concernant le recyclage et le traitement des déchets, ainsi que la réduction des besoins énergétiques.